MARIANNE HOFMANN
SOMMERGRAS GEBOGEN

1. Auflage 2013
© lichtung verlag GmbH
94234 Viechtach   Postackerweg 10
www.lichtung-verlag.de
Alle Rechte vorbehalten
Umschlag: Papierarbeit von Marianne Hofmann
Herstellung: DRUCK Team KG Regensburg
ISBN 978-3-929517-98-9

Marianne Hofmann

Sommer
gras
gebogen

edition lichtung

I.

Tannentrieb streift mein
Gesicht, wie damals das Maul
des Pferdes. So sanft.

Niederbayern vom Zug aus

Felder eilen
über die Hügel   gelber
Winterraps begleitet sie

der Wald steht schwarz und schweiget

an der Linie
wo Himmel und Erde sich berühren
rasten Kühe

ihre Leiber   Laubsägearbeit

wo sind Maria und Josef
der Stern von Bethlehem

wo ist das Kind

... dass sich heute Abend alles erfüllen wird

Es ist der Tag des Heiligen Abends, zwei Uhr nachmittags.
Sofie ist aufgeregt. Den ganzen Tag schon hat sie dieses Kribbeln im Bauch. Ihre Gedanken rasen. Dahin, dorthin.
Die Puppenstube. Ob das Christkind sie bringen wird?
In Gedanken sieht sie den Christbaum vor sich, sieht die Kugeln im Kerzenlicht glänzen. Sie freut sich auf Plätzchen, Feigen, Orangen.
So viel ist noch zu tun. Ob sie mit der Arbeit bis zum Abend fertig werden?
Die Stube ist noch nicht geputzt, der Hausflur nicht, und in der Gaststube sitzen Männer, trinken Bier.
Um acht Uhr soll das Christkind kommen. Da muss das Haus sauber und aufgeräumt sein.
Das Schlafzimmer der Eltern ist schon seit gestern abgesperrt, damit das Christkind in Ruhe alles vorbereiten kann.
Dieser Teil des Hauses ist jetzt geheimnisvoll. Wenn Sofie an der Tür vorbeigeht, ist sie besonders leise und sie fragt sich, was da drinnen vor sich geht.
Jetzt bügelt Mutter für Vater ein weißes Hemd, die Kleider für Sofie und ihre kleine Schwester Lina, und eine weiße Damasttischdecke für den Gabentisch.
Vater ist in den Wald gegangen. In den letzten Tagen war viel Schnee gefallen. Schnee, der die jungen Bäume knickt.
Lina spielt mit ihrer Puppe, summt vor sich hin. Es klingt nach „Leise rieselt der Schnee". Sie zieht der Puppe frische Kleider an, flicht ihr Zöpfe, bindet Schleifen ins Haar. Auch sie soll schön sein, wenn das Christkind kommt.
Aus dem Gastzimmer schreit einer der Männer nach Bier.
Die Mutter seufzt.

Heute ist es wieder wie verhext.
Sie stellt das Bügeleisen zurück auf die heiße Herdplatte.
Sie trinken und trinken, statt dass sie nach Hause gehen zu ihren Familien. An so einem Tag geht man doch nicht in das Wirtshaus.
So eilt die Mutter zwischen Bügelbrett und Gaststube hin und her und Sofie wird immer unruhiger.
„Der Sepp wird wieder sitzen bleiben", sagt die Mutter nachdenklich und mehr zu sich selbst, als sie zurückkommt. Sie nimmt das Bügeleisen vom Herd, prüft mit angefeuchteten Fingern die Hitze.
Sie merkt, dass Sofie unruhig ist.
„Komm, trag Holz rein, dann ist wenigstens das schon erledigt."
Sofie rennt los. Sie freut sich. Endlich kann sie auch etwas tun.
„Zieh Handschuhe an", ruft die Mutter ihr nach, „und die hohen Schuhe. Denk an den Schnee!"
Es dauert nicht lange, da kommt Sofie mit einem Arm voll Holz in die Küche. Sie hat so viel aufgeladen, dass es fast über ihren Kopf hinausreicht.
„Aber ... nimm doch nicht so viel", sagt die Mutter, „sonst fällst du noch hin. Du kannst ja gar nicht sehen, wo du hintrittst ..."
Als Sofie ein Scheit Holz nach dem andern unter den Ofen legt, scheint es dann doch nicht so viel zu sein. Sie muss noch ein paar Mal hinausgehen in die Kälte, in den zugigen Schuppen. Aber es macht ihr nichts aus. Es ist ja nicht das erste Mal, dass sie Holz holt. Außerdem ist heute ein besonderer Tag.

Es fängt schon an zu dämmern, als Vater nach Hause kommt.
„Gott sei Dank hat es genügend Schnee", sagt er, während er seine Stiefel auszieht. „Jetzt kann das Christkind mit dem Schlitten kommen."

Sofie stellt sich vor, wie das Christkind von Haus zu Haus fährt, den Schlitten vollgepackt mit Geschenken. Ja, wenn es das alles zu Fuß machen müsste ... Doch darüber braucht sie sich jetzt keine Gedanken mehr zu machen.
Schnee. Schnee. Schnee. Immer war vom Schnee die Rede gewesen. Und natürlich vom Christkind.
Wie oft hatten ihr die Männer in der Gaststube gesagt, dass ohne Schnee das Christkind wahrscheinlich nicht kommen könnte.
Das hat Sofie ziemlich beunruhigt. Auch, dass die Männer immer wieder fragten, ob sie auch wirklich brav gewesen sei. Denn das Christkind bringe nur braven Kindern Geschenke.
Immer sollte sie brav sein. Bravsein bedeutete das Spielen unterbrechen, oder das Hausaufgabenmachen, schnell mal zur dicken Kramerin Anna Forster laufen, wenn etwas fehlte. Oder die Küche kehren, die Asche im Ofen ausräumen und hinaustragen, Kartoffeln schälen, die Tiere füttern ... immer war etwas zu tun.
Obwohl sie sich in der Adventszeit besonders bemüht hatte, kamen Sofie dann doch leichte Zweifel, ob sie wirklich brav genug gewesen war. Das Christkind aber, tröstete sie sich, ist nicht so streng wie der Nikolaus und der Knecht Rupprecht. Das Christkind ermahnt nicht und bestraft nicht. Lautlos bringt es den Baum und die Geschenke, und die Kinder freuen sich.
Außerdem hat sie an das Christkind Briefe geschrieben.

Liebes Christkind,
ich wünsche mir eine Puppenstube.
Viele Grüße,
Sofie

Manchmal allerdings schien ihr dieser Wunsch doch zu groß zu sein.

Die Eltern hatten ihr gesagt, dass es jetzt, nach dem Krieg, wo es nur das Allernotwendigste gab, für das Christkind nicht leicht sein würde, all die Spielsachen aufzutreiben, und dass außer ihr und Lina noch viele andere Kinder auf Geschenke warteten.
So schrieb Sofie einen neuen Brief, wünschte sich Malstifte und einen Zeichenblock, oder ein Buch mit schönen Geschichten darin.
Immer ist ihr etwas Neues eingefallen.
Feste Schuhe wären auch nicht schlecht gewesen, und dicke wollene Handschuhe, weil sie immer so fror beim Schlittenfahren. Ihr größter Wunsch aber blieb die Puppenstube.
Von den Briefen an das Christkind hatte Sofie den Männern nichts gesagt, auch nicht, dass sie die Briefe am Schlafzimmerfenster der Eltern ausgelegt hatte und dass die Briefe jedes Mal abgeholt worden waren. War das vielleicht kein gutes Zeichen?
Die Briefe blieben ihr Geheimnis. Da konnten die Männer reden so viel sie wollten.

„Komm mit", sagt Vater leise, und es klingt ein wenig geheimnisvoll.
Freudig schlittert sie auf dem Schnee hinter ihm her, als er den ausgeschaufelten Weg zur Scheune geht.
„Suchen wir für die Esel schönes Futter aus."
Ja, die Esel des Christkinds, die an diesem Tag viel zu tun haben, sie sollen gutes Futter bekommen. Ihnen darf man kein saures Heu vorlegen.
Während Vater aus dem großen Heuhaufen ein Büschel herauszieht, es zusammenballt und vor das Scheunentor legt, steht sie vor dem Berg Futterrüben.
„Was ist?", wundert sich Vater.
„Ich weiß nicht, welche ich nehmen soll. Die dunkelroten oder die mehr gelblichen?"
„Nimm die, die dir gefallen."

Nicht so groß und nicht zu klein sollen sie sein, denkt Sofie. Und gleichmäßig gewachsen. Eine schöne Färbung sollen sie auch haben.
Endlich ist sie zufrieden mit dem, was sie ausgesucht hat, und sie legt die Rüben neben das Büschel Heu, draußen vor der Scheune.

Es ist jetzt fünf Uhr abends. Der Himmel ist tiefblau, da und dort funkelt schon ein Stern. Häuser, Bäume, Straßen sind eingehüllt in Schnee. In den Fenstern schimmern gelb die Lichter. Überall bereiten sich die Menschen auf das Christkind vor. Und es ist sehr still.
Es ist deswegen alles so schön und still, denkt Sofie, weil heute Heiligabend ist.
Vater und Mutter gehen in den Stall. Die Kühe müssen gemolken, die kleinen Kälber und Schweine gefüttert werden.
Sofie muss in der Küche bleiben. In riesigen Töpfen wird das Wasser für die Schweine, die Milch für die kleinen Ferkel abgekocht. Sofie darf das Feuer nicht ausgehen lassen, aber es darf auch nicht zu groß sein. Wenn die Herdplatte zu heiß ist, kann es passieren, dass die Milch im Topf plötzlich aufsteigt, über den Rand fließt, weiß über die Herdplatte rollt und darauf verkrustet. Die Hälfte der Milch geht dabei verloren und der Herd muss danach mühsam geputzt werden. Mutter ist dann verärgert und schimpft Sofie, weil sie nicht aufpassen kann.
Heute darf das nicht passieren, nimmt sich Sofie fest vor.
Auch das Wasser soll nur heiß werden und nicht kochen. Sonst dampft es und die Küche wird feucht.
Lina spielt mit dem Baukasten. Die Würfel sind mit bunten Bildern überzogen. Wenn man die richtigen Seiten aneinanderfügt, entsteht ein Bild. Lina versucht das Märchen vom Schneewittchen zusammenzusetzen. Aber das ist nicht so einfach. Ungeduldig schiebt sie die Steine von sich weg und sagt zu Sofie:

„Ich bin hungrig, ich möchte etwas essen."
Sofie überlegt, was sie ihrer kleinen Schwester geben könnte. Ein Honigbrot. Das mag sie nämlich auch sehr gerne.
Sie holt das Brot aus dem Brotkasten, das große Messer aus der Schublade, hält den Laib Brot an die Brust und schneidet eine große Scheibe davon ab. Die Mutter dürfte das nicht sehen. Wie leicht könnte das Messer abrutschen und Sofie sich dabei verletzen.
Sie streicht Butter auf das Brot. Dann lässt sie einen Löffel Honig auf das Brot fließen. Sie sieht zu, wie das dunkle Gelb sich langsam ausbreitet, dahin, dorthin fließt. Sie passt auf, dass der Honig nicht vom Brot läuft und die Ränder nicht klebrig werden. Sie schneidet es in kleine Stücke, legt sie auf einen Teller, bringt es Lina.
Als sie Lina so genüsslich essen sieht, bekommt sie plötzlich auch Hunger. Schnell macht sie sich ein Honigbrot und dann essen beide schweigend das wunderbar schmeckende Brot.
Heute dauert die Stallarbeit aber besonders lang. Jedenfalls kommt es Sofie so vor.
Sie läuft mehrmals den Weg vom Haus zum Stall, nachschauen, wie weit die Eltern mit der Arbeit sind.
Dann holt Vater in Eimern das Wasser und die Milch.

Endlich kommen Vater und Mutter ins Haus.
Nachdem sie sich gewaschen und umgezogen haben, bekommen auch die Mädchen schöne Kleider. Mutter hat sie aus aufgetrennten, alten Kleidern nähen lassen. Zusammengesetzt aus verschiedenen Stoffen, mit weißen Krägen und Samtschleifen darauf, sehen sie sehr schön aus..
Jetzt wird es nicht mehr lange dauern, denkt Sofie.
Aber wo ist die Mutter?
„Sie richtet das Essen her", sagt Vater. „Gehen wir in die Gaststube."
Sofie erschrickt. Sepp sitzt noch immer da. Ihn hatte sie ganz vergessen.

Er döst vor sich hin, im Glas ein Rest abgestandenes Bier. Wie sie sich ekelt vor ihm. Auf seiner Joppe, auf seinem Hemd wie immer die Brösel schwarzen Schnupftabaks. Und erst die Nase. Sie mag ihn gar nicht anschauen und wenn möglich, macht sie einen großen Bogen um ihn.

„Komm Sepp, geh nach Haus", sagt Vater ruhig.

Sepp aber tut, als würde er es nicht hören.

Während Vater Gläser wäscht, leert Sofie Aschenbecher, ordnet Bierdeckel, rückt die Stühle an die Tische. Sepp schaut mit dumpfem Blick dem Aufräumen zu.

Sofie ist fest davon überzeugt: Solange er im Haus ist, wird sich das Christkind nicht hereintrauen, nicht in das Schlafzimmer schweben, den Baum behängen, die Geschenke verpacken.

„Warum geht er nicht nach Hause?" Sofie blickt fragend zum Vater.

„Weil er allein ist."

„Aber in dem Haus, wo er wohnt, sind doch noch andere Leute." Sofie weiß es, weil sie von Zeit zu Zeit Schuhe zu ihm zum Reparieren bringt.

„Das schon. Aber am Heiligen Abend wollen die Familien unter sich sein."

Wenn er keine Familie hat, denkt Sofie, dann hat er auch keinen Christbaum und keinen Teller mit Plätzchen.

In seiner Werkstatt liegt ein Haufen alter, stinkender Schuhe und in seinem Schlafzimmer, das feucht und dunkel ist, gibt es ein Bett, einen Schrank und einen Stuhl. Sie hat einmal hineingeluchst, als die Tür offen stand, und ist ziemlich erschrocken, als sie das gesehen hat.

Plötzlich weiß Sofie: Sepp kommt deshalb zu ihnen, weil er allein ist, weil er eine warme Stube braucht.

Da sitzt er nun. Und wenn wir ihn ... nein, nein, nein, denkt sie, und geht zu Vater und Lina an den Tisch.

Vater baut Türme aus Spielkarten. Vorsichtig setzt er Karte für Karte nebeneinander, aufeinander. Wie hoch wird er

den Turm bauen können? Immer vorsichtiger muss Vater hantieren. Es ist so spannend, dass Sofie und Lina beinahe vergessen zu atmen.
Wenn der Turm stehen bleibt, dürfen die Mädchen ihn umwerfen. Lina wartet schon darauf. Der Turm bleibt stehen. Schnell rührt Lina mit dem Finger an eine Karte und lautlos fällt der Turm in sich zusammen.
„Ha, ha", schreit sie laut und freut sich.
„Sepp, es wird Zeit", sagt Vater jetzt energischer, „komm, geh heim."
Sepp winkt müde ab.
Ja, er soll endlich gehen, denkt Sofie.
Wenigstens heute, am Heiligen Abend, will sie mit den Eltern, Lina und dem Christkind allein sein. Immer sitzt einer da und will etwas. Nie kann sie mit den Eltern allein sein.
Als hätte Vater ihre Gedanken erraten, geht er hin, greift Sepp unter die Arme, hebt ihn hoch, führt den Wankenden in den Flur, hinaus ins Freie. Sie hört, wie der Schlüssel im Schloss umgedreht wird. Sofie atmet auf. Jetzt kann keiner mehr ins Haus. Jetzt sind sie endlich allein.
Es ist still in der Gaststube. Nur die große Wanduhr tickt. So laut hat Sofie die Uhr noch nie gehört. Es klingt so fremd. Das Warten und die laute Uhr, es ist kaum auszuhalten.
Sofie blickt zum Vater. Ob er weiß, wann es so weit sein wird? Sein Gesicht verrät nichts. Auch er muss heute geduldig sein und warten.
„Gehen wir zu den Kühen", sagt er. „Schauen wir, wie es ihnen geht, heute Abend."
Er nimmt Lina auf den Arm und Sofie eilt voraus.
Weißer Dampf dringt aus dem Stall in die kalte, dunkle Nacht, als Vater die Türe aufschiebt. Kaum ist das Licht an, beginnen die Kühe eine nach der anderen aufzustehen. Mit großen, dunklen Augen schauen sie zu den späten Besuchern, schnauben aus ihren großen Nasenlöchern, wie immer, wenn sie nach Futter suchen.

Vater schneidet mit dem Rübenmesser einige Rüben in Stücke und die Mädchen werfen sie den Kühen in den Trog. Lina erreicht mit ihren Armen gerade mal den Rand des Troges und wirft die Rübenstücke schnell hinein, rennt dann weg. Sie hat Angst vor den Kühen, die so viel größer sind als sie.

Und während die Mädchen beschäftigt sind, schaut Vater durch einen Spalt der geöffneten Stalltüre hinaus, nachzusehen, ob Heu und Rüben noch da sind oder von den Eseln schon gefressen worden sind.

„Wann gehen wir?" Lina zappelt ungeduldig hin und her.

Noch einmal schaut Vater hinaus und tatsächlich, Heu und Rüben sind verschwunden. Jetzt ist auch er aufgeregt.

Langsam, fast vorsichtig geht Sofie zum Haus, als fürchte sie, das Christkind zu verscheuchen. Hinter ihr der Vater mit Lina. Als sie ins Haus geht, hört sie das Glöckchen zart läuten. Die Mutter steht in der offenen Stubentür und erwartet sie lächelnd.

„Schnell, schnell", sagt sie, „kommt ..."

Die Stube ist ausgefüllt vom Kerzenlicht. Am Baum glänzen die Kugeln. Darunter Maria und Josef und das Kind. Es sind auf Holz aufgeklebte Zeichnungen, mit Buntstiften angemalt und ausgeschnitten.

Vater stimmt „Stille Nacht, heilige Nacht" an.

Während sie singen, lässt Sofie ihren Blick über die Päckchen streifen. Puppenstube hat sie noch keine gesehen. Aber ihre Lieblingskugel hängt ganz vorne am Baum. Sie ist mit weißen, glitzernden Kristallen überzogen. Ein Bub und ein Mädchen sind darauf gemalt. Sie fahren auf dem Schlitten den Berg hinunter. Das Mädchen hat eine rote Jacke an und eine rote Mütze auf. Das sieht sehr schön aus.

Sie singen auch noch „O Tannenbaum, o Tannenbaum".

Sofie freut sich über den harzigen Duft, der vom Baum kommt. Da hat sicher die Flamme einer Kerze einige Nadeln angesengt.

Endlich die Bescherung.
„Ja, wem gehört denn das hier?" Die Mutter nimmt eines der Geschenke, liest das Namensschild darauf.
Für Sofie, steht da.
Und hier für Lina, und hier für Mutter, und hier für Vater. So geht es fort. Mal nimmt der Vater ein Päckchen, mal die Mutter, reicht es weiter.
Dann kommen die Teller mit den Lebkuchen, Plätzchen, Nüssen, Datteln, Feigen, Äpfeln und Orangen. Orangen mag Sofie besonders gern. Sie ist ganz verrückt nach ihrem Duft. Schade, dass es sie nur an Weihnachten gibt.
Malstifte, Zeichenblock, Handschuhe – keine Puppenstube. Die Mutter hat Stoff für ein warmes Nachthemd bekommen und ein Kölnisch Wasser, der Vater gestrickte Socken und einen Schal.
Während sie alle am Tisch ihre Geschenke auspacken, muss Sofie an die Puppenstube denken. War ihr Wunsch doch zu groß gewesen.
Dann plötzlich hört sie, wie die Mutter ruft:
„Ja, was seh ich denn da?" Sie hält das lange, weiße Tischtuch hoch und darunter ist – eine Puppenstube.
Schon ist Sofie dort, kniet sich auf den Boden. Ihre Augen wandern von links nach rechts und von rechts nach links. Wie groß sie ist …
Vater und Mutter stellen die Puppenstube auf den Tisch nebenan, und jetzt können Sofie und Lina alles genau sehen. Drei Räume sind es: eine Küche mit Herd und Geschirr, eine Bauernstube mit blauen, bemalten Möbeln. Im Schlafzimmer stehen ein breites Bett, Nachtkästchen, Schrank und Frisierkommode. Sie sind aus hellem Holz und haben zarte Muster aufgemalt. So etwas Schönes hat Sofie noch nicht gesehen. Sie kann gar nichts sagen, so überrascht ist sie.
Lina, die einen Kreisel, Malstifte und einen Zeichenblock bekommen hat, vergisst ihre Geschenke, kniet sich auf den Stuhl daneben und staunt ebenfalls.

Und während Sofie vorsichtig Schranktüren öffnet, Töpfe vom Herd nimmt, sieht sich Lina im Schlafzimmer die Betten an. Die Teppiche, alles ist echt. Die Gardinen in jedem Zimmer anders. Sogar kleine Erker gibt es.
Hinter ihnen stehen Vater und Mutter, blicken über die beiden in die Puppenstube hinein.
„Das ist ja ein richtiges Puppenhaus", sagt die Mutter. „Ich bin wirklich überrascht. Wie das Christkind nur alles hat beschaffen können."
Jetzt, wo es kaum etwas zu kaufen gibt.
Sie sieht den Vater fragend an.
„Ja …", sagt er, nickt. „Das wird nicht einfach gewesen sein. Aber ich bin sicher, es hat dem Christkind auch große Freude gemacht."
„Ganz bestimmt", sagt Sofie und ist überaus glücklich.

Das Einhorn

Sie haben ihre Worte auf den Tisch gelegt,
das Kind ist erschrocken.

Sie haben ihm zerbrochene Ruder in die Hand gedrückt,
es sollte den Fluß queren.

Sie haben auf die roten Äpfel im Baum gezeigt:
Die hätten wir gerne.

Das Einhorn trug ein Gewehr und ein zottiges Fell
und trank Bier.

Ich vertraue dir

Das hatte es noch nie gegeben: Hausaufgaben über die Sommerferien. Die junge Lehrerin hatte keine Ahnung, wie es auf dem Land zuging.
Rechnen. Ausgerechnet rechnen. Der Schulranzen barg das Rechenbuch wie eine Zentnerlast. Sie sah die Seiten vor sich. Zahlen, nichts als Zahlen, schwarz. Sätze mit Ausrufezeichen. Multipliziere jede Zahl mit der nebenstehenden! Ziehe ab! Den Schulranzen auf die hinterste Ecke der Bank in der Küche, dort, wo er nicht störte. Dennoch: Ein erhobener Zeigefinger war er, jeden Tag, jede Stunde.
August. Die Nachmittage ausgefüllt mit Arbeit. Manchmal dachte sie an die Hausaufgabe. Jetzt nicht. Jetzt muss ich zuerst die Küken füttern: Ich muss Brennnesseln holen, sie fein schneiden, das Ei hacken, daruntermischen. Dann den Ferkeln die abgekochte Milch bringen, die Wäsche abnehmen, Holz reintragen, die Brotzeit herrichten …
Der Abend war da. Morgen.
Die Eltern auf dem Feld. Das Heu wartete nicht, das Getreide am Halm nicht, die Tiere schon gar nicht. Die Tage vergingen.
Irgendwann würde wieder die Schule beginnen. Sie sah auf den Kalender an der Wand. Zwei Wochen. Unruhe befiel sie.
Sie holte das Rechenbuch heraus. Zahlenblöcke. Jede Zahl ergab eine Rechnung. Aus jedem Block quollen Aufgaben hervor, die wiederum zu Zahlen und Kästchen in ihrem Heft wuchsen. Es war wie im Märchen vom süßen Brei. Es hörte nicht auf.
Sie fürchtete Zahlen. Streng und herrisch standen sie da, abweisend. Sie fühlte sich ihnen unterlegen, wie sie sich den

Erwachsenen unterlegen fühlte. Buchstaben waren anders. Freundlicher. Sie konnte man zusammensetzen und Wörter daraus machen. Sätze. Viele, verschiedene Sätze.
Der Schreibblock, den sie von der Lehrerin für die Rechenaufgaben bekommen hatten, war von schwarzen Zeilen in unregelmäßigen Abständen durchzogen.
Erst mal Zeilen in die Zwischenräume ziehen.
Am nächsten Tag bereitete sie drei Kästchen zum Rechnen vor. Am dritten Tag begann sie zu rechnen. Ob das stimmte, was sie da rechnete? Wenn alles falsch war? Ihre Mühe umsonst? Sie erschrak.
Außerdem: Sie würde es nie schaffen, in der kurzen Zeit. Es sei denn die Mutter ... Ja, die Mutter musste ihr helfen, dann ginge alles sehr schnell.
Am Abend fragte sie die Mutter.
Jetzt habe ich keine Zeit, aber morgen.
Der nächste Tag verlief wie der vergangene, die weiteren ebenso.
Drei Kästchen waren gerechnet. Der Block mit den schwarzen Zeilen lag am untersten Ende des langen Tisches. Er machte ihr Angst. Nein, es hatte keinen Sinn weiter zu rechnen. Aber was würde sie der Lehrerin sagen? Dass sie so viel arbeiten musste? Das würde sie nicht gelten lassen.
Lähmung hatte sie erfasst. Die Hausaufgabe schwamm in einem großen, trüben Unbehagen, das sich in ihr ausgebreitet hatte.
Wo ist denn jetzt der Block? Vor ein paar Tagen war er noch da. Vielleicht im Schulranzen? Oder hat ihn jemand vom Tisch auf die Bank gelegt und er ist unter die Zeitungen gekommen? Könnte schon sein. Sie war sich sogar ziemlich sicher: Der Block ist verschwunden und nicht mehr zu finden.
Immer wenn sie daran dachte, war es, als würde ein großer Berg auf sie zukommen und sie verschlingen.
Die Unruhe wuchs. Mit jedem Tag wuchs sie mehr. Und in Gedanken sah sie das Schulzimmer, die Lehrerin, sich selbst.

Am ersten Schultag ging sie ohne Frühstück, aber mit frischen, hellen Kleidern zur Schule.
Der gefürchtete Augenblick kam. „Nehmt eure Hausaufgabe raus."
Die Kinder lasen die Rechnungen vor. Jetzt war sie an der Reihe. Stille.
Die Lehrerin forderte sie auf, die Aufgaben zu lesen. Stille. Sie näherte sich mit kleinen, schnellen Schritten, ihr dunkler Blick senkte sich in die Augen des Mädchens.
„Wo hast du deine Hausaufgabe?"
Wie ein Pfeil schoss ihr die Frage in den Leib, im Gesicht wurde es heiß.
„Ich kann sie nicht finden."
„Du kannst sie nicht finden?"
„Nein."
„Wieso kannst du sie nicht finden?"
„Ich weiß nicht", kam es zögernd.
„Hast du sie gemacht?" Das Mädchen nickte.
„Dann muss sie doch irgendwo sein ..."
„Ich hab sie verloren", sagte sie leise. „Ich hab überall gesucht."
Steif saß sie in der Bank, sah kurz auf zur Lehrerin.
Es war geschehen. Sie hatte gelogen. Sie war überrascht, erstaunt, konnte es kaum glauben. Noch nie hatte sie so frech gelogen. Man würde es von ihrem Gesicht ablesen können. Es war kaum auszuhalten. Gleich würde die Lehrerin ihr Entsetzen, ihre Enttäuschung hinausschreien. Sie hörte die Kinder laut und höhnisch lachen. Alles würde lärmend über ihr zusammenbrechen. Ja, es musste etwas passieren. Die Decke des Klassenzimmers müsste herunterfallen, sie begraben. Schnell, schnell. Das ganze Schulhaus sollte zusammenstürzen. Aus. Vorbei.
Die Stille schien nicht aufzuhören. Dann sagte die Lehrerin: „Ich weiß, du bist ein ehrliches Kind. Ich vertraue dir. Das nächste Mal passt du besser auf."

Unfassbar. Ich vertraue dir. Die Lüge stand im Raum. Sie selbst war mittendrin, erstarrt in Scham und Schrecken. Sie selbst war die Lüge. Und die Lehrerin vertraute ihr. Sie schämte sich so sehr.
An diesem Mittag ging sie allein nach Hause. Die Mutter wartete schon auf sie. Wie war es in der Schule? Na ja.
Das neue Schuljahr hatte begonnen. Nach außen lief alles wie zuvor. Nur sie trug schwer an ihrem Geheimnis.
Jeden Tag in der Schule und auch danach, wenn sie der Lehrerin auf der Straße begegnete, schämte sie sich.
Sie hoffte darauf, dass die Lehrerin versetzt wurde.

Heuernte am Berg.
Steinflasche geschützt im Gras.
Am Hals Perlenblühn.

Sommergras gebogen.
Käfer wippen sich in Trance:
Erde, Himmel, aus?

Flügelschlagen spät,
Waldgeist schüttelt das Tischtuch.
Wer war heute Gast?

Kastanie. Grüne
Kapsel offen. Die Frucht wie
Vaters Taschenuhr.

Großvater

Winter   der Ofen wirft zuckende Sicheln an die Decke
draußen zieht der Sturm der Tannen vorbei
hab keine Angst   Kind   sie singen

unsere Stimmen nähern sich langsam dem Schlaf

Großvater
du warst allein in der Nacht   als sich dein Atem verlor
der Wind deine Seele forttrug

hast du den Gesang der Tannen gehört?

Stallgeruch

Man erkennt sich am Stallgeruch, hatte ihr früher einmal eine Adelige gesagt.
Obwohl sie wusste, was damit gemeint war, fand sie es unpassend und ordinär, denn mit Stallgeruch verband sie etwas anderes.
Stallgeruch war Kuhscheiße, dampfend oder erkaltet, vermischt mit Stroh, das anfangs noch nach Sonne roch. Die Ausdünstung der Tiere kam hinzu, der etwas süßliche Geruch ihres Speichels, das Dumpfe ihres staubigen Fells, das auf den Fingern einen grauen, schmierigen Film hinterließ, wenn man sie hinter den Hörnern kraulte.
Im Sommer roch es anders als im Winter. Der frisch gemähte Klee brachte für kurze Zeit Kühle in den Stall, während im Winter das Heu den vergangenen Sommer in sich trug; die Kühe schlangen es weniger begierig hinunter.
Wie sie es hasste, an heißen Sommerabenden den Stall auszumisten, den schweren Mist auf die Karre zu gabeln und hinaus auf den Misthaufen zu fahren. Der heiße, scharfe Geruch, der in die Nase stieg und sich an ihrem Körper festsetzte.
Sie zog den Winter vor. Sobald die Stalltüre nur einen kleinen Spalt geöffnet wurde, strömte weißer Nebel hinaus in die Kälte, warmer Dampf kam ihr entgegen. Leib an Leib lagen die Kühe da, wiederkäuend, mit ruhigen, satten Augen, und der Raum war ausgefüllt mit warmem Rindergeruch. Manchmal ging sie zu ihnen in den Stall, um etwas von der Ruhe und Friedhaftigkeit einzuatmen, die von ihnen ausging.
Der Geruch im Schweinestall dagegen war beißend intensiv. Wenn man nicht mehr die Zeit gehabt hatte die Ställe zu misten, lagen die Schweine auf kaltem, urindurchnässtem

Stroh und schliefen. Die Mutter konnte das nicht sehen, und bevor sie nach dem Füttern den Stall verließ, warf sie in jede Box schnell noch ein Büschel Stroh, dorthin wo noch eine freie Stelle war. Sie liegen nicht gerne im Dreck, sagte sie, auch wenn sie Schweine sind.

Wie schön es bei den Pferden war, wie rein ihr Duft. Nicht diese nassen, schweren Fladen, vermischt mit Stroh und breitgetreten, breitgeschmiert an Hinterläufen. Ein trockenes Lager hatten sie. Nie hätte sich ein Pferd in warmen Pferdemist gelegt.

Das Rosshaar, sie ließ es immer wieder durch die Finger gleiten. Die Nüstern, weich und grau, mit ihrem ganz spezifischen Geruch.

Beim Tränken dann, den schweren Eimer auf das Knie gestützt, der Kopf am Hals des Tieres, darin das Glucksen des Wassers wie in einer Höhle. Vergessen alles. Ewigkeit.

Winterlied

Der Winter war sehr kalt in diesem Jahr.
Flüsse und Seen waren zugefroren,
das Eis, es wuchs und wuchs,
es wuchs bis auf den Grund.
Fische und Pflanzen starben; die Menschen hatten vergessen,
Löcher in das Eis zu schlagen.

Ich ging über die erstarrte Fläche,
unter meinen Füßen, das Leben erstickt.
Der Wind trieb mich fort, trieb mich dahin und dorthin,
ich konnte kaum Halt finden
in dieser saumlosen Landschaft der Kälte.
Die Dämmerung setzte ein, und ich fürchtete,
nicht anzukommen, dort, wo es Menschen gab und Wärme.

Endlich Lichter in der tiefblauen Nacht,
ein Haus, eine Tür, eine Frau.
Sie bat mich herein. Sie setzte mich an den Ofen,
legte mir ein Tuch um die Schultern, hüllte mich ein.

In dieser Nacht hat mich meine Mutter im Traum geküsst.
(Es war der erste Kuss, dessen ich mich entsinne.)
Ein flüchtiger, scheuer Kuss war es,
als sollte er gespürt, aber nicht bemerkt werden.

Wir lagen nebeneinander, Wange an Wange,
Mund an Mund,
unser Atem, unsere Liebe waren warm und rein.

Stockholm, im Juni

Ich erwachte um vier Uhr nachmittags im hellen, fremden Zimmer.
Mein Körper ausgeruht und wohlig warm. Reglos lag ich da, die Augen wanderten. Bücher, Bilder, Gläser …
Plötzlich, ein Kindergarten-Nachmittagsgefühl.
Still, wie damals, als wir auf strohgeflochtenen Liegen schlafen mussten. Ich sah das helle Geflecht im quadratischen Muster, das in Rauten verlief. Ich betrachtete es, wenn ich dalag, ließ meine Finger darübergleiten, fuhr die Linien nach. Manchmal senkte sich der Fingernagel des Zeigefingers in das enge Strohgeflecht, und die weiche Fingerkuppe traf auf die scharfe Linie des Strohs.
Manche Kinder verfielen in der erzwungenen Ruhe in leise Selbstgespräche, spielten mit ihren Fingern in der Luft, andere schliefen.
Ich hörte ihren Atem.
Ich selbst blieb immer wach an diesen Nachmittagen. Ich lauschte jeder Regung meiner Schwester, die neben mir lag. Sie war viel zu klein für den Kindergarten. Nur wenn ich auf sie aufpasste, wurde sie geduldet. Dass sie nur ja nicht in die Hose machte. Von mir hinge es ab, ob die Mutter ihretwegen zuhause bleiben musste oder mit aufs Feld gehen konnte.
Die Stockholmer Wohnung. Das milde Licht des Nachmittags, die Stille. Empfindung, wie damals auf dem Land, in Niederbayern.

Traum

Sprang in Gott Vaters Schoß   der
in barocken Wolken thronte   umstrahlt von Licht

wir lachten   ob der geglückten Landung
freuten uns   dass wir   Vater Kind
so nah uns waren

danach im Zug   mir gegenüber   der Mann
nahm meinen rechten Fuß wie einen Schatz in beide Hände
bedeckte ihn mit einem Strom von Küssen   aufwärts

so schön

kann Leben sein   auf Erden

II.

Am Fenster entlang
*schreibt ein Schmetterling meine
Herzkurve Zickzack.*

Die Stadt

Das unterschiedliche Braun der Felder
im Vorfrühling
ist noch in meinen Augen
die weiche Erde unter den Füßen
spüre ich nicht mehr

In die Stadt bin ich gekommen
zu erfahren
was zu wissen sei
wissender bin ich geworden
doch es gibt mehr

Ein Zimmer in München

Sie hätte sich das heute nicht zumuten sollen. Nein, nicht in diesem Zustand. Sie ging die blassgescheuerten Stufen des Mietshauses hinunter, trat auf die Straße. Eine Woge heißer Luft kam ihr entgegen. Sie zögerte. Links lag die Isar mit den Kiesbänken und Auen. Sie hätte hinuntergehen können an das Ufer und sich in den Schatten legen, auf den warmen Kies.
Sie ging nach rechts, parallel zur vielbefahrenen Straße. Eine Brandung tosenden Autolärms trieb sie weiter. Abgase standen über dem heißen Asphalt, kein Baum milderte die Mittagshitze, filterte das Sonnenlicht.
Sie kam in ein Viertel, das sie nicht kannte. Mietshäuser, Läden, heruntergekommene Bauten aus der Gründerzeit. Bescheidenes boten sie an: Haushaltswaren, Küchenschürzen in grellen Farben, Plastikprodukte, die Verpackungen von der Sonne vergilbt. Ein Zoogeschäft. Armselig, wie alles hier in der Gegend.
Anna blieb stehen. In einem Vogelkäfig hüpften kleine bunte Vögel nervös hin und her, piepsten schrill. Sie sahen erbärmlich aus mit ihrem zerzausten Gefieder, den aufgesperrten Schnäbeln. Auf dem Boden des Fensters tummelten sich in einem Gitterstall weiße Mäuse. Sie nur zu sehen genügte, ihren eklig süßen Geruch zu empfinden. Mäusenester aus zernagtem Material, wie oft war ihr das als Kind auf dem Land begegnet. Am schönsten war das Meerschweinchen, das in einer Ecke saß und an einer Mohrrübe nagte. Das rostrote Fell, die dunklen Augen und der Wirbel am Kopf gefielen ihr. Mit der Hand an der Stirn ging sie an das Fenster.

Anna sah zum Meerschweinchen und fast gleichzeitig drückte sie die Türklinke herunter, die zu ihrem Erstaunen nachgab. Nach wenigen Minuten verließ sie mit einer kleinen Schachtel mit Luftlöchern den Laden.
Sie eilte nach Hause. Hitze und Lärm, das Gefühl des Versagens, vergessen. Sie dachte jetzt nur noch daran, wie sie das Tier unauffällig in die Wohnung bringen konnte.
Vorsichtig ging sie die fünf Stockwerke hoch, sperrte leise die Wohnungstür auf. Es war zwei Uhr nachmittags, der Alte würde hoffentlich seinen Mittagsschlaf halten.
Sie erreichte ihr Zimmer ungestört. Sie ließ sich auf das Bett fallen und hob den Deckel der Schachtel vorsichtig ab. Das Tier saß zusammengekauert und sah mit unruhigen Augen um sich. Vorsichtig glitten ihre Finger über den Rücken des Tieres, über das etwas raue Fell, kraulten es zwischen den Ohren.
Sie ging noch einmal hinunter, kaufte Karotten und Äpfel und einen großen Karton.

Unbarmherzig drang der Straßenlärm in das Zimmer. Die dünnen, schmalen Vorhänge konnten die Hitze auf den Fensterscheiben nicht abhalten. Das Zimmer war ein Backofen.
Anna lag auf dem Bett und wartete. Wartete sie auf Olga? Dass Olga mit dem Meerschweinchen nicht einverstanden sein könnte, daran hatte sie beim Kauf nicht gedacht. Auch nicht an Magda, die Haushälterin des Alten. Sie war der unberechenbarste Faktor überhaupt.
Als die Tür aufging, schoss Anna hoch.
„Was ist?", fragte Olga, „weshalb bist du so erschrocken?" Sie sprach wie immer leise. Zu leise für dieses Zimmer. „Geht es dir nicht gut? Wegen Thomas?"
„Ja. Und wegen der Prüfung. Ich habe nicht bestanden."
Das Meerschweinchen quietschte. Olga sah fragend zu Anna. Die antwortete mit einem kurzen Schulterzucken und ver-

zog das Gesicht zu einem verlegenen Grinsen. Olgas Augen suchten, blieben an der Schachtel zwischen den Nachtkästchen hängen. Zwei Schritte und sie schaute von oben hinein, und – lächelte. Gott sei Dank, sie lächelte.
„Wie willst du es verheimlichen?"
„Wenn der Alte ins Bett geht, ist der Stall bereits abgedeckt, und tagsüber stelle ich einen Stuhl darüber."
Der Alte hatte seine Altbauwohnung an vier Frauen vermietet. Die beiden anderen waren Magda und Elvira, eine Büroangestellte. Er selbst begnügte sich mit einer kleinen Küche und einem Zimmer.

Sie lebten mitten in der Stadt, waren umgeben von Lärm und dennoch isoliert wie auf einer Einöde. Nur über Briefe waren sie zu erreichen, denn der Alte erlaubte keine Besuche, kein Klingeln oder Abholen an der Tür. Auch Kochen war nicht erlaubt, lediglich ein Tauchsieder durfte benutzt werden, und der musste ihm, dem ehemaligen Ingenieur, zur Prüfung vorgelegt werden. Keine Wassertropfen auf dem Flur und natürlich kein Tier. Am Ersten jeden Monats um achtzehn Uhr hatten sie anzutreten, die Miete zu bezahlen. „Glaubst, ich tu viermal umananda, mit der Kassiererei", schnauzte er Anna an, als sie sich beim ersten Mal verspätet hatte.
Heute Abend wollte sie im Zimmer sein, wenn er zu Bett ging, ihn ablenken. Jetzt passierte es nicht mehr, dass sie an der Kommode stand und sich wusch, wenn er durch das Zimmer ging. Als sie die ersten Male mit einem kurzen Schrei nach dem Handtuch gegriffen hatte, war sein Kommentar nur: „Denk dir nix, Deandl, i hab scho mehr nackerte Weiba gsehn."
Anna saß auf dem Bett und las, als gegen zehn Uhr der Alte im Zimmer stand. Groß war er, breitschultrig und, obwohl schon über achtzig, sehr vital. Wie ein Elefantenbulle, dachte sie jedesmal, wenn er langsamen Schrittes hereinkam. Er

füllte mit seinem Körper, seinem Geruch den ganzen Raum aus. Sie wechselten einige Worte über die Hitze, dann ging er in sein Zimmer. Der Schlüssel wurde umgedreht.

Um fünf Uhr morgens rappelte das Meerschweinchen in der Schachtel. Olga warf sich auf die andere Seite und zog sich die Decke über den Kopf. Anna suchte schlaftrunken nach einer Karotte und legte sie dem Tier in den Stall. Aber einmal wach, war an Schlaf nicht mehr zu denken. Sie stand auf, ging aus dem Haus.
Als sie gegen zwei Uhr zurückkam, war sie auf alles gefasst. Während sie auf Zehenspitzen über den Flur ging, hörte sie den Alten in der Küche poltern. Sie war gerade im Begriff die Tür zu schließen, als Magda, die Haushälterin, in das Zimmer drängte.
„Pst", sagte sie leise, legte den Finger auf den Mund und machte eine Kopfbewegung in Richtung Küche.
„Er wirft dich raus, wenn er es erfährt." Die dunklen Punkte in der Mitte der dickgeränderten Brillengläser sahen Anna fest und anhaltend an. Es war kaum auszuhalten.
„Bitte sagen Sie ihm nichts." Obwohl Magda es versprach, hinterließ sie das Gefühl, dass das Versprechen nur bedingte Gültigkeit hatte.
Der Sommer schien seinen Höhepunkt noch nicht erreicht zu haben. Die Nächte waren eine Qual. Die beiden jungen Frauen lagen sich in ihren Betten schlaflos gegenüber, erzählten. Sie kannten sich erst seit einigen Monaten. Sie hatten sich hier, in diesem Zimmer, kennengelernt.
Olga war aus der Tschechoslowakei geflohen, sie hatte in Brünn Musik studiert. Ihr Freund, ein Opernsänger, konnte nicht mit in den Westen. Jetzt arbeitete Olga bei Siemens als Hilfsarbeiterin. Ihr erster Blick, sobald sie abends das Zimmer betrat, fiel auf den Tisch, suchte den Brief. Manchmal lächelte sie, manchmal liefen Tränen über ihr Gesicht, während sie las.

Auch für Anna sollte mit dem Umzug nach München alles anders werden. Immer mehr hatten Thomas und sie unter der Trennung gelitten. Doch jetzt, wo sie hier war, fühlte er sich in seiner Lebensweise, seinem Rhythmus gestört.

Alles in diesem Raum musste geteilt werden: der Schrank, der Tisch, die Kommode, die Waschschüssel. Und jetzt hatten sie auch noch das Meerschweinchen. Viel war nicht anzufangen mit dem Tier, denn sobald man es aus dem Stall nahm, rannte es im Zimmer hin und her, verkroch sich zwischen Bettpfosten und Wand, und es dauerte lange, bis man es wieder eingefangen hatte. Außerdem hinterließ es überall seine Spuren: dunkle, ovale Kügelchen. Aber das Tier war ihr Verbündeter geworden im Kampf gegen den Alten und die miserablen Umstände, unter denen sie hier leben mussten.
Magda lieh sich jetzt immer öfter Geld von den beiden. Das also war der Preis, dass sie noch nichts verraten hatte. Als sie ihr nichts mehr geben konnten, ging Magda schweigend davon. Schon am nächsten Tag stürzte der Alte auf Anna zu, sprach von Sauweibern, Gesindel, Ungeziefer.
„Die oane schleppt a Viech ins Haus, die andere geht in Spielsalon und verspielt des ganze Geld, dass net mal mehr die Miete zahlen kann. Des is der Dank dafür, dass ma eich Unterschlupf gibt. Des Viech kommt sofort weg!"
Anna zitterte. Seine donnernde Stimme hatte sich festgefressen, war noch im Raum, als er schon längst gegangen war.
Mit dem Spielsalon konnte nur Magda gemeint sein. Anna hatte bemerkt, dass sie sich, sobald der Alte im Bett war, davonschlich. Sie war es auch, die Annas Sachen nach und nach geklaut hatte: das neue Badetuch, die Pullover, die Bettwäsche.

Am Wochenende brachte Anna das Meerschweinchen zu ihren Eltern aufs Land.

Ein Meerschweinchen? Ein Tier nur zur Freude, zum Spiel?
„Und wie geht's dir sonst?"
„Gut, ich lerne viel, das Zimmer ist in Ordnung."

Ein Morgen am See

Noch ist kein Laut

Schattenflügel auf dem Wasser

springendes Licht

zwei Mädchen schwimmen
vom Ufer herüber

ihre Worte
auf dem dunklen Spiegel

kein Verletzen

Du kannst das Brötchen essen

Sie ist ein Pferd, denke ich, ein altes, trauriges Pferd, als ich sie zum ersten Mal sehe, im braungetäfelten Zimmer. Wenig später, als wir uns unterhalten, ist etwas in ihren Augen, das mich beunruhigt und zweifeln lässt. Ob es richtig war, hierherzugehen?
„Unsere Kinder sind selten krank." Wir stehen am Fenster, blicken vom Balkon aus auf die spielenden Kinder. Über der glatten, glänzenden Fläche des Sees die Berge. Schneefelder im Föhnlicht. Schon deswegen hat es sich gelohnt.
„Die Kinder sind bei jedem Wetter draußen. Ob es regnet oder schneit. Das Essen ist einfach, vernünftig, gesund. Dr. Krebs, unser Hausarzt, ist sehr zufrieden mit uns."
Aufrecht steht sie da, die Schultern gerade. Ich betrachte das lange unbewegliche Gesicht. Die Haut hat einen ledernen Schimmer. Das braune, gewellte Haar liegt flach an den Schläfen, ein Knoten im Nacken. Eigentlich hat sie nichts mehr von einem Pferd. Sie vermittelt mir eher das Gefühl von Unnachgiebigkeit und „Prinzipien".
„Sie müssen streng sein." Frau Sukov, die Heimleiterin, dreht sich mir zu, nagelt mich fest mit ihrem Blick, als wollte sie mir einen Schwur abnehmen. „Einmal eine Schwäche zeigen, und Sie sind verloren. Denken Sie daran: Die Kinder sind psychisch schwerstens gestört, erzieherisch verwahrlost. Die Lehrer in der Sonderschule können ein Lied davon singen. Einige der Mädchen sind bereits in der Pubertät. Frühreif eben." Es klingt verächtlich, schmutzig.
Ich blicke mich im Zimmer um. Sechs Stockbetten auf kleinstem Raum. Auf den exakt gefalteten Betten Stofftiere, Puppen. Kein Bild, kein Poster an der Wand, über dem Bett.

Hinter der Tür ein kleiner, resopalbespannter Tisch, eine Eckbank, ein Kalender.
„Bist du die Neue? Wir wollen nur Frau Beyer. Aber die bekommt ein Baby. Wenn das Baby da ist, kommt sie wieder zu uns. Dann kannst du gehen."
Sie antworten nicht auf meine Fragen. Sie drehen mir den Rücken zu und sagen „Pah". Sie verschmieren die Spiegel mit Zahnpasta und niemand war es. Beim ersten Spaziergang an den See verschwinden zwei Mädchen. Eine andere wirft sich in eine Pfütze, wälzt sich im grauen Wasser. Sie steigert sich in einen Anfall, ihre Lippen werden blau. Soll sie doch Angst haben, die Neue.
Ja, ich habe Angst bekommen. Auch, als die Mädchen am Abend noch immer nicht zurück sind und die Polizei verständigt werden muss.

Zum Abendkreis versammeln sich Erzieher und Kinder in der Halle des Jugendstilhauses. Große und kleine Hände, kalte und warme, feuchte und trockene, raue und zarte liegen ineinander, lange und kurze Arme bilden einen Kreis. Das Pferd steht aufrecht und stumm, verteilt Tritte mit seinen Blicken. Blicke, die ein schlechtes Gewissen machen sollen. Du und du, bist auch so eine, auch so einer. Kannst nicht stillstehen, kannst dich nicht fügen. Enttäuscht wendet sie sich ab, dem nächsten zu. Erst wenn es ganz still ist, keine Bewegung mehr den Kreis durchzieht, setzt sie an zum gefürchteten Aufruf.
„Heute", ihre Augen wandern, bleiben da und dort haften, „nennt uns" – jeder hofft, dass es ihn nicht treffen wird – „der – Herbert – ein Lied."
Entspannte Bewegung geht durch die Körper. Ein Lied, schnell ein Lied. Krampfhaft versucht Herbert nachzudenken. Er tritt von einem Fuß auf den andern, schaut zur Decke, Zuckungen im Gesicht. „Guten Abend, gute Nacht" lässt sie nur manchmal gelten, „Wir sind müde vom

Wandern" haben wir erst gestern gesungen, „Im Frühtau zu Berge" ist kein Abendlied. Er sucht in den Gesichtern, Schweigen liegt über dem Kreis, unter Druck kann er schon gar nicht denken. Das ihm zugeflüsterte Lied stampft das Pferd in den Boden.
„Wir warten", sagt das Pferd unnachgiebig. „Hast sonst immer was zu sagen. Sehr viel sogar. Jetzt kannst du es beweisen."
Die Erzieher schauen sich an. Man könnte sie erwürgen für diese Spiele. Und während mich dieser Gedanke beschäftigt, erklingt es schon: „Kein schöner Land in dieser Zeit…"

Am Sonntag gehen die Kinder statt zur Schule in den Gottesdienst, danach der gemeinsame Spaziergang durch das Dorf. Am Nachmittag Wandern in der Gruppe, bis zum Abend. Endlich die schönen Sachen anziehen dürfen. Am Morgen stehen die Kinder vor den Schränken, rätseln.
Wenn die Erzieherin Grüner bei den Kleinen Dienst hat, würde manches Kind gerne auf den Sonntag verzichten. Frau Grüner kommt aus ihrem kleinen Mansardenzimmer, dieser Ein-Bett-ein-Tisch-ein-Schrank-Beleidigung, in den Frühdienst. Sie ist durch den Ort gegangen, als alles noch schlief. Sie hat die Bergkette über dem See leuchten sehen, ist sich wieder ihres vierzigjährigen Lebens bewusst geworden. Das Kloster, wo auch noch die Papierkörbe mit den IHS-Initialen versehen waren, hat sie verlassen, weil es zum Ersticken war, wie sie sagte. Aber unter den Nonnen war alles andere als eine Jesus-Heiland-Seligmacher-Atmosphäre gewesen.
Schweigend sitzt sie da, die Arme unter ihrem Busen verschränkt, beobachtet die unsicheren Griffe der Kinder bei der Kleiderwahl. Soll ich das anziehen, oder das? Ihre Augen schielen zur Erzieherin. Deren Gesicht aber verrät nichts. Sie lauert auf die falsche Entscheidung, damit sie losbrüllen kann, dass das Haus erzittert. Manchmal werden die Kolleginnen eingreifen, damit sich das Gift nicht wie Quecksilber in den Gängen, in anderen Zimmern ausbreitet.

Meist ist die kleine Brigitta von Ahrens das Ziel. „Die Gräfin! Die Gräfin will heute wieder schick sein. Ganz besonders schick will sie heute sein, unsere Träumerin."
Aus weitem Mund kommt die Verspottung, der Worte Überbiss beißt sich fest an dem verängstigten, eingeschüchterten Kind.
„Schau aus dem Fenster!" Sie zerrt das Kind ans Fenster.
„Wie ist das Wetter?"
„Es regnet ein wenig", sagt das Kind leise.
„Es regnet", triumphiert das weite Maul. „Und, wie ist es, wenn es draußen regnet, sag!"
„Nass."
„Und was hat die Gräfin heute an?"
„Ein Kleid."
„Was für ein Kleid?"
„Ein Sommerkleid."
„Was noch?"
„Weiße Socken."
„Weiter!"
„Weiße Schuhe."
„Und wie willst du spazieren gehen, nach der Messe, mit deinem weißen Zeug, im Dreck, wenn es regnet? Du mit deinem Watschelgang. Wer hilft dir denn zu Hause, beim Anziehen?"
„Niemand."
„Das muss ja lustig sein. Kariert, gestreift. Grün und blau ist dem Kasperl sei Frau. Die Gräfin sitzt zwar im Schloss an der langen Tafel mit dem Herrn Papa, läutet nach dem Personal, aber vernünftig anziehen kann sie sich mit ihren zehn Jahren noch immer nicht. In fünf Minuten gehen wir zum Frühstück. Wer nicht fertig ist, bleibt hier."
Auch in die anderen Kinder ist das Gift der Erzieherin hineingefahren, hat ihre Gesichter blass und die Bewegungen eckig werden lassen. Leise ziehen sie sich an und hoffen, nicht aufzufallen.

Heere von Ameisen halten sich in der Holztäfelung des alten Hauses. Kleine, blonde Zuckerameisen. Nachts wandert das Ameisenvolk in die Küche, in die Speisekammer. Es kriecht in Brötchen, Zuckerhörnchen, trockenen Kuchen, baut Nester. Nicht an den Genuss von Brötchen und Zuckerhörnchen denken die Kinder beim sonntäglichen Frühstück zuerst, sondern an das, was in ihnen versteckt sein könnte. Geübter Blick sucht in der Krume – äh, pfui Teufel – sie legen es beiseite.
„Manuela", fragt das Pferd leise, „weshalb isst du dein Brötchen nicht?"
„Da sind Ameisen drin."
„Zeig her!" Mit unbewegtem Gesicht forscht die Heimleiterin nach den winzigen Tieren. Sie legt das Brötchen zurück auf den Teller.
„Du kannst das Brötchen essen."
Das Mädchen sieht sie verstört an.
„Es sind keine Ameisen drin."
„Es sind schon Ameisen drin", sagt das Mädchen leise.
„Ich sage, du kannst das Brötchen essen."

Und wieder einmal hat der Zirkus alle Kinder aus den Heimen eingeladen. Schon beim Mittagessen ist ein Chaos nur mit größter Anstrengung der Erzieher zu verhindern. Danach folgt das fast unkontrollierbare Warten im Hof.
Der Bus, der Bus. Ein Sog reißt die Kinder hin zum einfahrenden Bus. Kämpfe um den vermeintlich besten Platz. Frau Sukov hat „verzichtet" und hütet das Haus. Der Bus fährt an. Da erscheint sie.
„Wo ist Manuela Strehlow?", fragt sie leise, mit steinernem Gesicht in die Reihen hinein. Alles wird still. „Strehlow soll rauskommen."
Manuela erblasst, rutscht auf ihrem Sitz nach unten, versteckt sich. Nur unter Zureden geht sie aus dem Bus, geht sie an der Seite von Frau Sukov in das Haus. Wir warten.

Manuela kommt weinend zurück.//
„Ich – darf – ich – darf – nicht mitfahren."
„Weshalb?"
„Frau Sukov hat ein Brot unter der Bank gefunden und sie sagt, ich hab es runtergeworfen, weil ich es nicht essen wollte."
„Und? Warst du es oder warst du es nicht?"
„Ich schwör es dir, ich war es nicht."
Ich renne in das Haus. Das Pferd blickt auf vom Schreibtisch. „Ja?"
„Manuela sagt, sie hat das Brot nicht unter die Bank geworfen."
Schweigen.
„Und Sie glauben ihr?" Sie sitzt an ihrem Schreibtisch, ungerührt.
„Ja, ich glaube ihr."
Sie dreht sich abrupt zu mir. „Mein Gott, sind Sie naiv. Sie glauben dieser Lügnerin? Die erzählt Ihnen alles, alles was Sie hören wollen. Sie ist zu allem fähig. Sie stiehlt und lügt. Ich kenne sie. Ich kenne auch ihre Mutter. Alkoholismus, Lüge, Prostitution. Manuela Strehlow ist und bleibt eine Lügnerin. Auch Sie werden das nicht ändern. Glauben Sie, ich hätte nicht bemerkt, wie sehr Sie sie ständig in Schutz nehmen?" Sie wendet sich wieder ihrer Arbeit zu.
Mir ist übel, als hätte ich einen Schlag in den Magen bekommen.
„Selbst wenn sie es getan hat, heute, in der Aufregung, ist sie vielleicht nicht fertig geworden mit dem Essen. Sie wissen doch, wie langsam sie isst. Vielleicht wollte sie nicht, dass die anderen ihretwegen warten müssen. Alle waren sie nervös. Ein Stück Brot unter der Bank, von dem wir nicht wissen, wer es fallen gelassen hat, ist doch kein Grund, sie nicht mitfahren zu lassen."
„Unser Haus ist bekannt für Disziplin. Dafür werden wir geschätzt von Behörden und Institutionen. Seit mehr als

zwanzig Jahren leite ich dieses Haus. Auch Sie werden mein pädagogisches Konzept nicht untergraben."
„Es geht doch nicht darum. Nur ... wir wissen wirklich nicht, wer das Brot ... es kann auch ein Irrtum sein ... lassen Sie Manuela mitfahren, ich bitte Sie." Frau Sukov schreibt weiter. Ich warte.
Alles um mich herum wird trüb. Auf meinem Gesicht kribbelt es wie von Ameisen überzogen. Dumpf und dunkel dröhnt es in meinem Kopf. Schneller, lauter, drängender. Ich bewege mich auf Frau Sukov zu. Ich bin bei ihr. Meine Hände umklammern ihren Hals, ich bin diesem langen, braunen Gesicht ganz nah, das seine abweisende Glätte verloren hat, sehe ihre Angst in aufgerissenen Augen. Der Boden unter meinen Füßen schwankt, sie ringt nach Luft, röchelt, sie umfasst meine Handgelenke ...
Ich stehe wieder in der Tür. Wie lange stehe ich schon hier? Was ist passiert? Ich rieche den frischen Schweiß an meinen Kleidern, meine Beine zittern, ich friere.
Frau Sukov sitzt an ihrem Schreibtisch, ungerührt.
Benommen gehe ich hinaus. Manuela steht im Hof, sieht fragend zu mir. Ich nehme sie an der Hand. Wir gehen zum Bus. Der Fahrer lässt den Motor an, wir fahren.

Laotse, Brecht und ich

Als sie sechzehn war und einsam,
kam der Junge, der sie liebte, heimlich, nachts,
brachte, um die Kälte zu ertragen, ihr Gedichte:
Lasker-Schüler, Trakl, Benn. Brechts Laotse Taoteking.
Beieinander lasen sie.

Hör den Rhythmus. Hör den Weisen:
Dass das weiche Wasser mit der Zeit den harten Stein besiegt.
Ihr gefiel das. Herrschte doch das Harte vor.
Erst hinaus. Leben. Lernen, was zu wissen sei.
Aus der Fülle schöpfen.

Laotses Weisheit als Begleiter –
stets die Zügel auf dem Weg des Strebens straff gehalten –
bis der Wunsch nach Wandlung drängte,
das Korsett der Zwänge abzustreifen, SELBST zu werden.
Und sie gürtete den Schuh.

Mühsam war die Wanderschaft. Menschen traf sie unterwegs.
Mancher glich dem freien Lauf des Wassers –
umspülend so den rauen Fels, gelassen.
„Selbst so werden" hieß zu gehen und zu lassen, lassen …
Landschaft werden, Stein und Fluss.

Nachtdienst

„Schwester!" Hartnäckig hält sich der Tag.
Ein letztes Glas Wasser, eine Tablette, ein Gespräch.
Die Gänge neonbeleuchtet, Lichtstäbe surren.
Jetzt beginnt das Ritardando der Nacht. Sie senkt ihr Schweigen in die Köpfe, in die Leiber der Menschen. Manche retten sich in den Tiefschlaf, andere treiben in ihrem Wachsein. Das Karussell der Gedanken beginnt sich zu drehen. Stille ist um sie herum. Stille, die den hellen Ton der Wachheit erzeugt. Ihr Leben zieht vorbei. Manchmal sehen sie Gespenster und der Raum wird eng. Dann kommt die Angst.
Die Nachtschwester ist allein auf Station. Man weiß nie, was passiert. Die Zeit zwischen Mitternacht und zwei Uhr morgens. Niemandszeit. Bleiern und voll Lauer. Als stockte die Luft.

Sie ist auf ihrem Rundgang durch die Zimmer. Der Schein der Taschenlampe huscht über schlafende Gesichter. Keiner liegt wach. Das gibt ihr ein gutes Gefühl. Doch da – Augen, hellwach.
Sie geht an das Bett. Der Mann ist heute eingeliefert worden. Er hatte einen Schlaganfall, rechtsseitig. Er hat Sprachstörungen. Zu Beginn des Nachtdienstes war sie bei ihm gewesen. Da erschien er ihr ruhig. Ruhig und ergeben. Sie schiebt die Schublade des Nachtkästchens zu.
„Können Sie nicht schlafen?", flüstert sie. „Haben Sie Schmerzen?"
Er blickt sie an, sein Blick fixiert sie regungslos. Sie schüttelt das Kissen, glättet die zerwühlte Bettdecke – da sieht sie das Messer. Ein offenes Taschenmesser in seiner linken, gesunden

Hand. Und gleichzeitig, während wie ein Blitz der Schein der Taschenlampe auf das rechte Handgelenk fährt, beugt sie sich hinunter zur schlaffen Hand. Nichts zu sehen, Gott sei Dank. Dann löst sie langsam das Messer aus seinen Fingern, klappt es zu, lässt es in ihre Tasche gleiten.
Sie schüttelt den Kopf, sieht ihn eindringlich an.
„Warum wollen Sie das tun?", flüstert sie. „Das dürfen Sie nicht."
Sie beugt sich zu ihm, legt ihre Hand auf seine schlaffe Hand. In seinem Gesicht ist keinerlei Regung.
Sie deckt ihn zu, schlägt die Bettdecke an seiner gelähmten Schulter ein, streicht ihm das graue, kräftige Haar aus der Stirn. „Es wird schon wieder", sagt sie leise, nimmt noch einmal seine Hand, nickt ihm zu.
Langsam wendet sie sich ab, ihre Schritte folgen dem Schein der Taschenlampe auf dem Boden, hinaus in den Flur.

Sie nimmt die Patientenakte und geht ins Stationszimmer, legt das Taschenmesser auf den Tisch. Sie sieht wieder seine Augen. Dieser Blick. Entschlossenheit. Ob sie einen Arzt verständigen soll?
Was hat sie ihm gesagt? Das dürfen Sie nicht tun!
Warum darf er es nicht tun?
Sie schlägt die Akte auf. Samir Shangaleh, geb. 1936 in Teheran. Beruf: Schriftsteller, verheiratet. Wohnort: Deutschland.
Fremdes Land, fremde Sprache, fremde Kultur. Wenn er in seinem Land leben könnte, wäre er nicht hier. Und hier sieht er keinen anderen Ausweg, als sich umzubringen.
Das dürfen Sie nicht tun! Woher nimmt sie die Autorität, ihm das zu sagen? Weiß sie, wie es um ihn steht? Weiß sie, was er hinter sich hat? Dem Alter nach könnte er das Schahregime und die Islamische Revolution erlebt haben. Beides tödlich, wenn man den Mund aufmacht. Schriftsteller. Was schreibt er im Exil? Märchen sicher nicht. Ob das, was er schreibt, gelesen wird?

Und jetzt die Krankheit.
Das dürfen Sie nicht tun! Denken Sie an die anderen, die zurückbleiben. Wollen Sie Ihrer Frau, Ihren Freunden dies aufbürden?
Die rechte Körperseite ist gelähmt, die rechte Hand. Sein Schreibwerkzeug. Er hat Sprachstörungen. Er muss verzweifelt sein.
Es wird schon wieder. Das muss furchtbar geklungen haben. Aber ich habe es nicht einfach so dahingesagt, glauben Sie mir. Ich habe es ernst gemeint. Es gibt heute sehr gute medizinische Behandlungsmethoden, die Erfolge sind enorm. Wenn Sie bereit sind und mithelfen ... Aber Sie wollen nicht mehr, ich spüre das.
Ist da niemand, der Sie hält – kein Freund, keine Frau? Gibt es niemanden, auf den Sie hinleben können? Wie wir alle auf den anderen hinleben und umgekehrt. Wenn da jemand ist, der Ihnen etwas bedeutet, wollten Sie ihm Ihren Zustand nicht zumuten?

Auf Zimmer 105 liegt ein junger Mann, der bald sterben wird. Er will nicht sterben, er hat Angst davor. Er will leben. Verstehen Sie? Leben!
Alle zwei Stunden wechsle ich sein nassgeschwitztes Hemd. Er hält mich fest und zwingt mich zum Sprechen. Ich erzähle ihm etwas aus meinem Leben, von meinen Reisen. Er fragt mich, wie ich meine freie Zeit verbringe, welchen Film ich gesehen, welches Konzert ich gehört habe. Das lenkt ihn ab. Er würde Sie nicht verstehen. Er würde auch eine gelähmte Körperseite in Kauf nehmen. Aber so simpel ist es nicht. Und Sie werden zu Recht sagen, was hat mein Leben, mein Tod, mit dem des jungen Mannes zu tun?
Mir hätten Sie Ihren Tod auch zugemutet. Ihre Selbsttötung. Während ich Nachtdienst habe. Aber darauf können Sie keine Rücksicht nehmen. Ich hätte mir Vorwürfe gemacht und es hätte mich wahrscheinlich lange begleitet. Manchmal,

wenn ich am nächsten Tag zum Dienst komme, und der eine oder andere ist nicht mehr da ... manchmal aber bin ich auch erleichtert, dass der Kranke gehen durfte.
Sie schreibt in die Patientenakte: Patient Samir Shangaleh suizid-gefährdet? Habe ihm um 1 Uhr 30 ein offenes Taschenmesser abgenommen. Bitte Patient beobachten. Psychologen informieren. Unbedingt Kontakt mit Besuchern/Angehörigen aufnehmen.
Sie muss zu ihm. Sie darf ihn jetzt nicht allein lassen.
Sie zuckt zusammen. Der harte, scharfe Ton der Klingel hat sie erschreckt. Auf dem Display neben der Tür erscheint die Nummer einhundertfünf. Der junge Mann. Es klingelt weiter. Nummer einhundertacht erscheint. In diesem Zimmer liegt der Iraner mit dem Schlaganfall.

Endlich

kein Rad
mehr schlagen müssen
kein Herz
entgegentragen

warten
bis der Wind sich
in den Sommerbäumen fängt

Winterfarben

Früher
grau der Himmel
weiß der Schnee   schwarz der Wald
Eisblumen
filigran in Morgensonne

heute
Weihnachtssterneflut
passen gut zu grün und weiß
Kerzenschein   Geburt des Herrn

Tulpen   Rosen   Lilien
schon an Heilig Abend

draußen
schwimmen Eisbären vorbei

Unterwegs

Heute begegnen sie mir wieder alle auf einmal, die Fuß- und Beinkranken dieser Stadt, die Humpler und Hinkler, die Schlürfer und Stolperer, die Mäher und Sichler, die Rempler und Torkler, alle geschienten Beine an einem einzigen Vormittag. An manchen Tagen, wenn die giftigen Worte und die missmutigen Blicke besonders freigiebig verteilt werden, ist es ratsam nicht in Gesichter zu schauen, aber was bringt mir der Blick auf den Boden?
Der ballengeweitete Schuh zeugt von einem langen Marsch durch das Leben, der Schuh mit dem Profil eines Sattelschleppers kann nur einem jungen Menschen gehören, der Slipper aus Weichleder, gepaart mit weißen Socken, sagt mir, dass dieser Mann nicht mein Mann ist. Da suggeriert ein neckisches Pelzchen am Knöchel wohlige Wärme, dort steht ein fülliger Körper senkrecht in spitzen Schühchen, Erdung auf Stahlstift und Ballen, im perfekt geschminkten Gesicht liegt der Schmerz der geschundenen Füße. In der Zone der Geher, Bummler und Eilenden sind fast alle Schuhe über einen schlechten Leisten geschlagen, ein Blick in die Marmorhallen der Hairdresser, auf die Schuhe der jungen Stylisten sagt mir, anything goes, zarte Mädchenbeine in Gullivers Stiefeln, und da heute mein Füßetag ist, schaue ich mich um nach neuen Schuhen. Sobald ich das Geschäft betrete, lasse ich den einschätzenden Blick der Verkäuferin über mich ergehen, bestehe dann hauptsächlich aus Füßen, werden meine Schuhe zum letzten Gerümpel, endgültig werden sie es, sobald sie auf dem Boden stehen, umgeben von Lack und Eleganz, wenn sie faltig und matt ihr schweißverfärbtes Innenleben nicht mehr verbergen können, kein

Wunder, sind sie doch so viele Wege mit mir gegangen, soll ich sie wirklich eintauschen gegen glatte, neue, enge, haben fast zu allem gepasst, bekomme ich nie wieder. Ja, nein, ja, also dann, wie passen die neuen, was kosten sie, aber ihr beiden, ihr bleibt noch bei mir.

Jetzt gehen wir erst mal nach Hause, ich trinke einen Tee und morgen sehen wir weiter.

Der Honigverkäufer

Als sie aus der Stadt kam, das Gartentor öffnete, hörte sie eine Männerstimme: „Wart, bittschön, wart."
Sie drehte sich in Richtung Stimme, sah einen runden Mann mit einem ebenso runden Gesicht, Glatze.
Er kam mit schnellen Schritten auf sie zu, sah ihr fest in die Augen, öffnete eine abgeschabte Reisetasche, zog ein Glas Honig heraus, hielt es ihr hin.
„Kaaf ma was ab, bittschön, kaaf ma was ab. Brauchst an Honig?"
Sie schüttelte den Kopf. „Honig kauf ich in Niederbayern."
„Der kimmt aus Niederbayern, da schau", er deutete auf das Glas, „ausm Bayerischen Wald sogar, aus Hengersberg, glei bei Deggendorf."
„Ich kauf ihn von meinen Bekannten, die brauchen das Geld."
„I brauchs aa, glaubs mir. Wennst koan Honig kaafst, dann kaafst halt Preiselbeeren. De ko ma imma braucha, oder essts ihr koa Fleisch?"
„Preiselbeeren pflück ich mir selbst."
Sein Gesicht zeigte Überraschung. „Wo?"
„Im Zillertal."
„A geh. Dann nimmst an Meerrettich." Flink zog er ein Glas aus der Tasche, hielt es ihr hin. Sie warf einen Blick darauf.
„Der ist ja geschwefelt. Ich esse nur ungeschwefelten."
„Ah", stieß er verzweifelt aus, drehte sich leicht und geschmeidig auf den Fersen im Kreis, „de liagn di doch o."
Sie schüttelte den Kopf.
„Bittschön", seine Stimme wurde weich, drängend, „bittschön, kaaf ma was ab." Wieder hielt er ihr das Honigglas hin.

„So viel Honig", sagte sie, „wie soll ich so viel Honig verbrauchen?"
„Nimm na, nimm na, i muaß was verkaufa, i bin arbeitslos und hab drei Kinder, wia soll i sonst lem?" Seine Augen füllten sich mit Tränen.
„Also, die Masche zieht bei mir überhaupt nicht …"
„Kaaf ma halt was ab, bittschön, i möcht aufhörn, mir langts für heit."
Sie sah auf die Uhr. Es war gerade zwölf Uhr mittags. Wollte er jetzt schon aufhören? Er begriff sofort.
„Na ja … geh, sei doch net so hart." Seine Stimme war sanft.
„Was kostet das Glas?" Sie tat sachlich.
„Dreizehn Euro." Sie stutzte.
„Ein Kilo", warf er schnell ein. „Echter bayerischer Bienenhonig. Ausm Bayerischen Wald."
Sie nahm das Glas, stellte es auf die Treppe am Hauseingang, holte das Geld aus dem Portemonnaie, gab es ihm.
„I hab an solchn Durscht, hast a Glas Wasser für mi?"
Sie nickte, sperrte die Haustüre auf, ging in die Küche.
„Lass laffa, damits frisch werd", schrie er ihr von der Treppe aus nach.
Während sie das Wasser laufen ließ, sah sie hinaus, wo er stand. Er schien nachzudenken. Seine Augen waren unruhig, während sich sein Kopf leicht hin und her bewegte.
Dann kam er ins Haus. Das sollte er eigentlich nicht, dachte sie.
Er blieb in der Küchentüre stehen, er sah sich nicht um. Er sah sofort auf die Postkarte, die an dem abgebeizten Schrank angebracht war.
Ein Strahlen ging über sein Gesicht, die Augen leuchteten.
„De kenn i", sagte er, „de kenn i … Is de schee …"
Sie hielt das gefüllte Glas in der Hand.
„Die kennen Sie? Woher denn?"
„De is aus Schwabing. De seg i imma."

„Wie heißt sie denn?"
„Ja des woaß i ned. Aber schee is ... Gfallts dir aa?"
„Ja", sagte sie nickend. „Sie ist sehr schön."
Er nahm das Glas, trank das Wasser in einem Zug, gab ihr das Glas zurück.
„Dankschön, und pfiad de."
Während er hinausging, die Steinstufen hinunter, sah sie auf die Postkarte. Caravaggios Maria Magdalena in Ekstase.
Ja, sie war sehr, sehr schön.

III.

__Doch noch gefunden__
einen See. Stille. Ich sprach
und erschrak: Wie laut.

Wales

Manchmal
lasse ich mich vom Wind
forttragen, hinüber nach Wales.

Wenn wir beide erscheinen,
bewegt sich das Gras in dunklen Wellen,
und die Bäume
berühren sich sanft und neigen einander zu
in Anmut und Zärtlichkeit.

Auf den Hügeln
eilen uns die Schatten der Wolken voraus,
und da,
wo kein Mensch es vermutet,
setzt die Sonne ein schräges Licht,
alle Vorstellung sprengend.

Diese Nacht

Der Mond, die Hälfte einer gelben Melone, die selbst die gerechteste Mutter nicht besser hätte teilen können, lag eingebettet in Wolken.
Der Abendstern, in graublaues Linnen gestickt, hatte schon Gesellschaft bekommen; in sie hinein zog blinkend ein Flugzeug. Richtung Rom, dachte ich, denn es flog südlich.
In der Dunkelkammer des Firmaments tauchte, Stern für Stern, das Bild des Großen Wagens auf. Erinnerung an die Nacht, als ich ihn zum ersten Mal sah. In meinem Schmerz über die Demütigung, die man mir zugefügt hatte, war ich aus dem Haus geschlichen, hinein in die Felder. Es war Sommer, das Getreide stand hoch. Ich legte mich in eine Mulde und weinte. Weinte, bis ich erschöpft war. Mein Blick ging in den nachtschwarzen Himmel und ich sah ein Meer von Sternen. Ich erinnerte mich, in einem Buch Sternbilder gesehen zu haben. Eines davon war der Große Wagen. Ihn wirklich zu finden glaubte ich nicht, doch suchte ich danach.
Da. Da war er. Ich hatte ihn wiedergefunden. Ich war außer mir. Hinausschreien wollte ich meine Freude, aber ich blieb stumm. Es war Nacht und ich war allein.
Über lange Zeit, und wo immer ich mich auf der Welt befand, suchte ich den Großen Wagen. Er gab mir Orientierung und Halt, wenn ich in Gefahr war mich zu verlieren.
Heute, in dieser Sommernacht, trägt ein Windhauch den Duft des harzigen Holzes an mir vorbei, und vom Tal herauf höre ich Hundegebell. Der Große Wagen hat sich dazugesellt.

Liverpool

Ich musste meine Vorstellung von einer allzeit grauen, tristen Stadt revidieren, als ich an einem Abend im August 1979 mit meinem Mann in Liverpool ankam. Die Luft war lau und das Licht blieb lange. Im Garten meiner Bekannten fand ich die Gäste in heiterer, gelöster Stimmung. Es war wie im Süden.
Am nächsten Tag ging ich hinunter zu den Docks, etwas Meergeruch schnuppern und das anzuschauen, was Liverpool einmal berühmt gemacht hat: den Hafen.
Liverpool ist noch immer bitteres Erinnern an große Zeiten. Der neun Kilometer lange Hafen verwaist. Kein Schiff mehr aus Afrika und „far east". Tag und Nacht wurde damals gelöscht: Rohstoffe, Tee, Kaffee, Sklaven. Im Hinterland entstanden Fabriken. Der Einfluss der Kaufleute stieg. Königin Victoria war beeindruckt und meinte 1851 in Liverpool, dass sie nirgendwo so viele gut gekleidete Männer gesehen habe wie hier.
Die „Warehouses", Riesen aus Backstein, endlose Reihen mit simplem Muster: ein ganzer, ein halber versetzt, nicht ohne Ästhetik. Sie ragten wie Mahnmale in den Himmel, helles Insellicht blendete, gleichzeitig senkten sie ihre rotleuchtenden Körper hinab in das verlassene Wasser.

Bei einer liebenswürdigen, gebildeten Lady hatten wir zuerst Quartier bezogen. Auch ihr Charme half nicht, die Mängel einer englischen Wohnung zu verdecken: Von den Fenstern her zog es wie durch ein offenes Scheunentor, im Kamin die Attrappe eines glühenden Feuers, Sitzmöbel füllten den Raum, im Bad ein Zähler, der erst dann Strom für die

Heizspirale lieferte, wenn man ihn kräftig mit Zehn-Penny-Münzen fütterte.
Ich lernte bald, dass es nichts zu bedeuten hatte, wenn der Butcher um die Ecke mir beim „What do you want, love?" flink mit einem Auge zuzwinkerte. Das war hier so üblich. Ich gewöhnte mir auch schnell an, mehrmals am Tag den Teekessel aufzusetzen, denn für einen „cup of tea" war immer Anlass.
Man begegnete mir offen und freundlich, das tat gut im fremden Land. Trotzdem war ich der „bloody foreigner", dessen Akzent breitbeinig dastand, dessen Englisch nicht differenziert genug war, schon gar nicht „sophisticated".

„When my ship comes …" Wie oft habe ich das von älteren Menschen gehört, und sie haben dabei gelächelt. Es sind viele Schiffe gekommen, damals, und was sie brachten, ist heute noch sichtbar, viktorianisch monumental, ausgebreitet in Banken und Villen, feudalen Hotels. Sichtbar auch in den Wohnungen, wo das Mahagoni der Tische und Vitrinen, das Silber aus dieser Zeit poliert wird, in den alten Pubs, die mit edlem Inventar verschwenderisch ausgestattet sind.

Die Straße, in der wir wohnten, war gesäumt von alten Bäumen, die Stufen des Hauses am Rande moosbewachsen, die weißen Milchflaschen standen vor der Tür. Wenn das Licht durch das Geäst der Bäume kam, leuchtete alles auf. Bilder, die man lieb gewinnt.
Die Nähe eines großen, alten Parks mit Ulmen, wunderbar. Und wie so oft bildete diese Straße die Grenze zu einem ganz anderen Viertel.
Wie war ich entsetzt, als ich die gitterverhangenen Fenster und Türen der Geschäfte mit den schäbigen Fassaden sah. Tag und Nacht Gitter. Blind erschien mir alles hier. Nur Giovanni, der Gemüsehändler italienischer Abstammung, hatte Obst und Gemüse vor die Tür seines Ladens gestellt. Es

leuchtete außergewöhnlich. Ich war ihm dafür sehr dankbar und kaufte oft bei ihm.

Der Liverpooler Alltag ist von extremen Vorsichtsmaßnahmen durchzogen. An den kuriosesten Stellen werden Schmuck und Wertgegenstände versteckt, das Licht brennt in verschiedenen Zimmern, wenn man aus dem Haus geht, kein offenes Fenster während des Krimis im Fernsehen. Man muss auf alles gefasst sein. Als es Freunden im Schlaf in das Bett tropfte, sie eine Treppe höher stiegen, um nachzusehen, blickten sie in den nachtschwarzen Himmel. Das Bleidach der alten Villa war während ihrer Abwesenheit abgenommen und abtransportiert worden.

Eines Nachts im Sommer 1980 hatte sich das politische Klima im Stadtteil Toxteth entzündet, Ohnmacht und Wut der Armen waren aufgegangen in den Flammen brennender Häuser. Gewalt. Ein Rausch der Zerstörung hatte die Menschen erfasst. Sie legten Feuer, plünderten Geschäfte, fuhren in Einkaufswagen Elektrogeräte und Konserven nach Hause. Die Polizei verlor die Kontrolle über den Brandherd Toxteth.
Am nächsten Morgen ging man zwischen rauchenden Ruinen, die Straßen waren mit Glas übersät. Die Besitzer der kleinen Läden fanden ihr Geschäft nicht mehr. Keine Versicherung, Ruin vieler Existenzen. Liverpool war geschockt vom destruktiven Potential seiner Stadt, das es lange nicht hatte wahrhaben wollen. Die Zeitungen sprachen von „the Blitz".

Nirgendwo vollzieht sich der Wandel schneller als hier. Cafés, Naturkostläden, Delikatessenläden, Buchhandlungen, Antiquitätengeschäfte werden eröffnet, und kaum hat man sich an sie gewöhnt, ist es schon wieder vorbei. Ein ewiges Streichen der Türen und Fenster, neue Schilder erscheinen.

Die Nähe zu Irland, das Völkergemisch, mögen bestimmend sein für das lockere, manchmal südländisch anmutende Flair dieser Stadt. Vieles ist einfacher hier als in Deutschland, unkomplizierter, nicht so perfekt. Wen stört das Moos seitlich an der Treppe, auf dem Stein um das Haus, die Ringe der Teetasse auf dem Küchentisch, die noch nicht renovierten Räume des Hauses? Die Menschen nehmen sich viel Zeit für das Gespräch mit Freunden, für ihre Neigungen, für das gemeinsame Musizieren, für ihre Zirkel. Hier haben mehr Menschen Mut, ins kalte Wasser zu springen, etwas ganz Neues anzufangen. Der Manager einer großen Brauerei verließ seine Firma, mietete Räume in der Nähe der Philharmonie. Als passionierter Geigenspieler begann er alte Geigen aufzukaufen, sie zu reparieren. In seiner Werkstatt trafen sich bald Musiker aus aller Welt. „It is a challenge", eine Herausforderung, sagt man hier.

Auf dem spröden Boden Liverpools gedeihen seltsame Pflanzen, und ihre Früchte sind durchaus sehenswert und genießbar: Musicals und Theaterstücke entstehen, werden weltweit aufgeführt. Poeten, Maler und Fotografen ziehen von hier aus hinaus in die Welt.
Vier junge Liverpooler Burschen haben die Stadt mit ihrer Musik wieder berühmt gemacht. Und der Mann, der ihnen zum allerersten Mal die Gelegenheit gegeben hat, öffentlich aufzutreten, handelt seitdem mit Antiquitäten. Er ist es leid, daran erinnert zu werden. Sein Blick wird nachdenklich und traurig, wenn er daran denkt, was hätte werden können, wenn er mit den Beatles weitergemacht hätte, Brian Epstein geworden wäre.

Wenn es aber dann in den Wintermonaten nicht mehr hell wird, Nebelschwaden durch das schwarze Geäst der Bäume ziehen, das Licht in den Wohnungen auch tagsüber brennt, wenn es „cats and dogs" regnet und die Busse nicht kommen, weil die Fahrer sich nicht von ihren Teetassen trennen können, fällt es noch schwerer, von der Tristesse in den Straßen abzusehen, und man muss sich vornehmen nicht hinzuschauen, um nicht hineingezogen zu werden in den Strudel der Melancholie und Trostlosigkeit. Kein Blick zu dem Bündel Mensch in der Gosse, die winselnden Hunde auf den Balkonen der Hochhäuser haben eben ein Hundeleben. Die Kinder mit ihren Messern an jungen Bäumen lasse ich gewähren, die ausgebrannten Häuser, die Ruinen sind nicht mein Werk, die müden, schlecht ernährten Kinder, die Mütter, armselig gekleidet und auch im Winter noch barfuß in Sommerschuhen, gehen mich nichts an. Auch nicht die wunderschönen Terrassenhäuser in der Princess Avenue, deren Fenster und Türen nach aufwendiger Renovierung bald wieder durch Bretter ersetzt worden sind.

Vielleicht ist der leicht übermütige Ton bei den Intellektuellen, der manchmal etwas gierige Hang zum Feiern, die vielen Partys, die Treffs in den Pubs, die spontanen Einladungen zum Essen am Abend – „I put something in the oven" – eine Antwort auf das latent Destruktive, das Marode in dieser Stadt.

Irgendwann hat sich das alles tief eingegraben, weigert sich das Auge, noch mehr Verletzungen aufzunehmen. Dann wird es Zeit, durch den Tunnel auf die andere Seite des River Mersey zu fahren, hinüber nach Wallasey oder New Brighton an den Strand. Dort öffnet einem das Meer wieder die Brust.
Auch Wales ist nicht weit. Wales ist „Countryside" mit Bergen und schmalen Straßen, schnell fließenden Bächen, das Licht moosig grün. In den Wäldern ein Bett dichter Farne, zahlreich die „foxgloves", Fingerhüte, rosa bis dunkelviolett. Düsternis über uralten Bäumen. Die Schatten der Wolken eilen über die Hügel, das Vieh auf den Weiden wirkt wie

ausgesetzt. Irgendwann bricht helles Licht hervor, alle Vorstellung sprengend.

Die Waliser sind herzlich, und ihre unverheirateten Söhne sind misstrauisch, skurril, in der Einsamkeit ihrer windumwehten Häuser.

Es gibt diese Tage

wo das Licht der Sonne nicht nur das Auge erreicht
Hände   die Schranktüren öffnen
die linke den Teller   die rechte die Tasse
zueinander führt

Tee fließt in die gerundete Leere
Bläschen steigen auf
werden
Island   Borneo   Sylt
tanzen
ineinander   auseinander
schmiegen sich in die leuchtende Bucht

Licht gebiert bernsteinfarbene See

Amerika – späte Ankunft

Die Hürden der Reise waren überwunden.
Schlangen am Flughafen, ein nicht vorhandenes Ticket, nervöse Passagiere mit schwerem Gepäck, langsam sich vorwärts bewegende Reihen zu zwei Leibesvisitationen in Socken. Der zehnstündige Flug neben einem übernächtigten und daher unruhigen achtjährigen Jungen.
Bei der Ankunft in Charlotte Schlangen beim Zoll, Schlangen zur Visitation. Nach vierstündiger Wartezeit den Flug in einer winzigen Propellermaschine fortsetzen. Den Himmel trübte kein Wölkchen, trotzdem wurden die Passagiere in der Maschine nach Gewicht verteilt. Dies zu sehen und der Lärm der Propeller beruhigten mich keineswegs.
Der Taxifahrer, der mich abholen sollte, erschien. Wir verließen den Ort, fuhren auf den Highway. Dunkler wurde es, ländlich, einsam. Die Unterhaltung wie üblich, nach dem Woher und Wohin. Nach dreißig Minuten verließ er den Highway, Straßen gingen ab, ein Burger King leuchtete in der Dunkelheit rot und gelb, sonst gab es nichts, keine Zeichen, keine Schilder. Er fuhr in eine kleine Straße, sie führte bergauf, links und rechts Büsche und hohes Gras. Das kann doch nicht sein, dachte ich, hier ist niemals das College, wo fährt er mich hin?
Die Straße endete in der Weite der Felder. Er hielt an. Jetzt werden sie gleich die Türen aufreißen, dich rausholen und ausrauben. Ein Mann ging von Jerusalem nach Jericho und fiel unter die Räuber ... das fiel mir ein, während mich Lähmung ergriff. Ist er wirklich der vom College bestellte Taxifahrer?
„Wissen Sie den Weg nicht?" fragte ich und tat beiläufig.

„Ja, nein", murmelte er. Er fuhr zurück, den Kopf an der Windschutzscheibe, am Seitenfenster, murmelte vor sich hin. War das ein Trick? „Aber Sie müssen doch den Weg wissen, fahren Sie nicht öfter für das College?" „Ja, nein", zögernd kam die Erklärung: „Ein Kollege hat mich gebeten ihn zu vertreten. Wo ist nur die Straße, sie muss hier irgendwo sein …" Ich atmete auf, es klang ehrlich. Dann klappte er sein Handy auf, eine laute, breite Stimme meldete sich, und er fragte nach dem Weg, gab seinen Standort an. Er folgte den Anweisungen der Stimme, wendete, fuhr auf und ab, irgendwann kam der lang gesuchte Wegweiser zwischen Bäumen. Eine kleine Straße bog ab, führte an Weideland vorbei, wir erreichten eine Parklandschaft, große, dunkle Bäume, einzelne Lichter, einzelne Häuser.

Wir fanden das Haupthaus, ich bat ihn zu warten, suchte im Haus nach den Unterlagen, die hinterlegt waren für jeden Neuankommenden, fand im Kuvert den Schlüssel für mein Zimmer. Ich bezahlte ihn und bat ihn, mir den Koffer in den ersten Stock zu tragen. Ich stand vor Nr. 2, wollte öffnen, der Schlüssel sperrte nicht, ich versuchte es mehrmals, im Haus war es gespenstisch still. Wo waren sie alle? Ich las noch einmal den Brief: Mein Zimmer hatte die Nr. 2 und lag im Parterre.

Ich trug den Koffer Stufe für Stufe die Treppe hinunter, ging in mein Zimmer. Mondlicht erhellte den Raum. Ich öffnete leise die Schiebetür, ging hinaus auf eine große Wiese.

„Du bist auch hier", sagte ich erleichtert. Im klaren, makellosen Nachthimmel leuchtete der Große Wagen. Er kam mir sehr groß vor. Schließlich waren wir in Amerika.

Apfel

Heute, am 22. Okt. 2006, habe ich in Amherst, Virginia, den Apfel mit der Nr. 4015 gegessen. Es war ein Red Delicious, kam aus dem Staat Washington und war ein Produkt der USA.
Er war von dunkelroter Farbe, perfekt in Form und Aussehen. Gewachst und poliert sah er aus, als wäre er aus Marmor.
Er erinnerte mich an die Früchte aus Wachs, die bei meiner Großmutter in einer Schale auf dem Waschtisch lagen. Diese makellos aussehenden Früchte, die fein dufteten, hatten mich immer fasziniert. Konnte nicht glauben, dass sie nicht echt sein sollten, in ihrer Perfektheit. Andererseits war es ihre Vollkommenheit, die mich irritierte.
Die Äpfel damals waren rot, mit hellgrünen Streifen darin. Die gelbe Birne, Wange eines jungen Mädchens, wenn es errötete. In den kurzen Augenblicken des Alleinseins drückte ich meinen Fingernagel in eine der Früchte und die dünne Linie eines Halbmondes blieb darin zurück. Sogar die Konsistenz hatten sie getroffen.
Du Washingtoner Apfel, mit der Nummer 4015. Wenn ich dich drehe, bricht sich das Licht an deinem ovalen Körper. Hügel und Täler legen sich um die Vertiefung, worin einst die Blüte war. Als ich in deinen glänzenden Körper schnitt, spürte ich Widerstand. Widerstand in Schale und Fleisch. Hart wie einen Kürbis haben sie dich gemacht, ausgerüstet für eine Apfelewigkeit.
All ihr Red Delicious vom Staat Washington. Bis zum nächsten September müsst ihr standhalten und glänzen.
Atmet durch euer gewachstes Kleid.

Später Start

Fliege am Abend
hat sich vom Tanz um das Licht von der Lampe
gelöst,
gleitet mit schrägen Flügeln über das Rollfeld
des Tisches,
ihres nächtlichen Fluges gewiss wartet sie auf
das Roger vom Tower.

Ich glaube, sie nimmt Kurs auf Kairo.

Luxor

Luxor war erfüllt vom Klappern der Hufe auf dem Asphalt, dem Lärm hupender Autos, von Händlerstimmen.
Caleche, Caleche. Grell behauptete sich das Wort im Geschehen der Straße. Das Taxi trieb einen Keil in das Gewühl. Ich blickte auf kleine, dürre Pferdeleiber, das Fell rau und verdreckt, die Flanken eingefallen, kotverschmiert.
In einem kleinen Hotel hatte ich noch ein Zimmer bekommen, und wie immer war ich als erstes zur Balkontüre gegangen, sie zu öffnen, zu sehen, wo ich mich befand. Lärm drang durch die Lamellen der Fensterläden, ich stieß sie auf, das Licht blendete, und dann stand ich da, gebannt von dem, was ich sah: Wuchtige Säulen eines Tempels, daran anschließend die Leiber der Sphinxen mit ihrer rückwärtigen Rundung, einer am andern. Die Sphinxen, die den Prozessionsweg zum Tempel nach Karnak säumten. Ein heiliger Weg, damals. Jetzt hielten die Touristen mit ihrer Bilderwut ihre Kameras in das Heiligtum.
In der Umzäunung eines Fahrradverleihs lehnten die alten Fahrräder aneinander, wie ein Heer müder Krieger. Männer saßen da, tranken Tee. Sie taten gelassen, doch ihre Augen wanderten. Ich trug meinen Wunsch vor. Einer, im langen Gewand, erhob sich, schob mir ein Rad zu. Es hatte einen verbogenen Lenker. Ich gab es zurück. Mit dem nächsten fuhr ich hinaus auf die Gasse. Der Fahrradverleiher lief hinter mir her, die anderen lachten. Bei diesem Rad krachte die Kette. Jetzt erhoben sich die Männer, boten mir amüsiert, mit eifrigem Gerede ein Rad nach dem anderen an. „Lady, this, this." Lachend forderten sie mich auf, es auszuprobieren. Es schien sie zu amüsieren. Ich musste an ihre verhüllten Frauen

denken. Kein fremder Blick sollte sich an ihnen erfreuen. Ich beendete das Spiel, griff nach einem Rad, das mir passabel erschien, und bezahlte.

Im roten Staub der Straße schob ich hinunter zur Anlegestelle am Nil, drängte mich mit den Einheimischen auf das Boot.
Fellachen, Händler, einige Frauen. Männer und Frauen beobachteten die Fremde. Der Blick der Frauen war anders. Sie blickten auf Kleidung und Schuhe. Ein Lächeln verband uns.
Am anderen Nilufer reihte ich mich ein in den chaotischen Verkehr, passierte kleine staubbedeckte Dörfer, durchzogen von Kabelgirlanden an krummen Pfosten, Antennen, Strommasten, offenen Kanälen.
Auf den Feldern wurde Zuckerrohr geschlagen. Klein und dünn waren die Menschen zwischen den hohen Pflanzen. Kinder kamen vom Feld auf die Straße gelaufen, klammerten sich an das Fahrrad, hielten mich fest mit ihren dunklen Augen, mit ihren Blicken, in denen die Hoffnung nervös gierte. „Pen, Pen", kreischten sie mit hellen Stimmen, zappelten, zerrten an meinen Kleidern, packten mich am Arm. Kugelschreiber hatte ich keinen mehr, ein Bonbon tat es auch.
Hier drüben, an der Anlegestelle für die Schiffe der Luxushotels, war auch der Ticketschalter für die Grabkammern. Während ich noch überlegte, welche und wie viele der Grabkammern ich besuchen wollte, hörte ich hinter mir eine Stimme, ruhig, beschwörend: „Lady, it's hilly, it's very hilly!" Ich wandte mich um. „Too hard for you." Der Blick des Mannes, sein bedenkliches Kopfnicken verunsicherte mich.
Ich ging zur Seite und überlegte. Aber der Reiz, mit dem Rad durch ägyptische Landschaft zu fahren, mich den Gräbern langsam zu nähern, ließ mich standhaft bleiben. Umkehren, dachte ich, kann ich immer noch.

Auf ebener Straße fuhr ich dahin. Aus hohem Schilf und Zuckerrohr ragten einsam die Palmen.
Ein Fellache sprang auf die Straße, fuchtelte wild, schrie mir etwas zu. Ich fuhr weiter, fürchtete, unter einem Vorwand in ein Geschäft gelockt zu werden. Der Mann gab nicht auf, rannte hinter mir her. Ich hielt an, und er redete und redete, deutete in die andere Richtung. Endlich ahnte ich, was er mir sagen wollte: Ich hatte die Abzweigung zu den Königsgräbern übersehen. Er lächelte erleichtert, als ich das Rad wendete. Beschämt dankte ich ihm.

Dörfer, lehmfarben, kahl. Zu weit schon entfernt vom nährenden Arm des großen Flusses. Hügel, Eingänge, Behausungen. Ziegen hinter spärlichen Zäunen. Menschenleer und still war es. Für einen Moment befiel mich Unruhe. Hier waren die Grabräuber zuhause, in den labyrinthischen Räumen konnten sie ihre Beute gut verstecken.
Die Straße stieg an. Heißer und trockener wurde die Luft. Klimatisierte Busse der Luxushotels preschten vorüber, hüllten mich in Staub. Ich sah ihnen nach, verfluchte sie, bedauerte meinen Entschluss.
Felsen stiegen auf, die Straße wurde schmaler, verschwand zwischen Felswänden. Ich machte mir keine Hoffnung, dass dort das Ziel sein würde. Ich wusste, wie man sich in den Bergen täuschen konnte. Wie lange schob ich jetzt schon die endlosen Windungen hinauf?
Dann endlich öffneten sich die Wände, eine Bergkette zog sich im Halbrund dahin. Auf dem freien Platz davor Händler, Touristen, Fahrzeuge, Esel. Mit schnellen Schritten und abweisenden Blicken durcheilte ich die Händlerbarriere, setzte mich auf einen Hügel.
Hierher, an den Wüstenrand, in die Stille, haben sie also ihre toten Könige gebracht. Möglichst vollkommen musste der Leichnam sein, um nach dem Tod unversehrt weiterleben zu können …

„Papyri, Papyri." Von allen Seiten kamen die Händler, hielten mir bemaltes Papier, Vasen, Figuren entgegen. Ich floh in die Menge, drängte mich im Schutz einer italienischen Reisegruppe in das erste Grab.
Dunkelheit, Stolpern, dumpfe, schweißdurchsetzte Luft. Dann staunte ich. Ich sah die Schönheit und Anmut der Figuren. Tiere und Pflanzen in ihren Farben so klar, als wären sie erst gestern aufgetragen worden. Ich war umgeben von Ewigkeitshoffnung, von Lebensdrang. Immer wieder Lotos und Sonne. Die Sonne, Symbol der Auferstehung. Der Tod als Übergang, symbolisiert in der Lotosblüte: Öffnen und Schließen, Leben und Tod.

Ich hatte mich weitab des Geschehens auf einen Felsen gesetzt und war froh, allein zu sein. Allein inmitten der Berge. In ihrem Innern die Stille.
Ich saß noch nicht lange, da sah ich den Mann auf dem Grat eines Berges stehen. Er trug ein helles Gewand. Es war, als ragte er in den Himmel hinein.
Der Mann stieg schräg nach unten ab, bedächtig und leichtfüßig nahm er die Hindernisse. Er hielt auf mich zu. Ich war sein Ziel, das zeigten seine Schritte. Ab und zu löste sich ein Stein, hüpfte den Hang hinab. Er wird gleich hier sein, dachte ich, spürte schon sein Näherkommen.
Er stand vor mir. Ich sah sein helles Gewand, sah sein Händlerlächeln.
„Hello", sagte er.
„Hello", sagte ich.
Er griff in seine Tasche, öffnete langsam die Hand. Bunte Steine lagen darin. Er sah mich an. Ich schüttelte den Kopf. Er nahm einen großen blauen Stein aus seinem Gewand und hielt ihn mir entgegen. Er hatte sich zu mir gebeugt, ein Bein auf den Felsen gestützt, den Arm auf das Knie. Blau leuchtete der Stein in der braunen Hand, vor dem hellen Gewand.

Ich riss mich los, schüttelte den Kopf. „Thank you." Er holte Ketten und Armreife, Reproduktionen alten, ägyptischen Schmuckes hervor.
„No." Er blieb unbewegt und in mir wuchs der Unmut über seine Hartnäckigkeit.
Ich betrachtete sein Gesicht. Augen schmal und dunkel, die Konturen seines Mundes wie in Marmor gehauen. Er wird nicht reich sein. Er wird mit einer großen Familie in zwei Zimmern leben, er wird wie die meisten muslimischen Männer Fleisch einkaufen, große Petersiliensträuße dazu, Okra, Auberginen, Tomaten. Er wird viele Söhne haben wollen. Ich verglich sein Gesicht mit den Gesichtern der Skulpturen, die ich in den Tempeln, auf Wandmalereien gesehen hatte. Sie vermischten sich mit seinem, gingen ineinander über, ich konnte sie überblenden wie ein Dia auf der Leinwand. Da war kein Bruch in den Gesichtern.
Ich durfte kein Interesse zeigen. Hatte mich schon viel zu lange bei ihm aufgehalten. Hier, wo das Schauen lange vor dem Sprechen kommt. Ich sah auf den Boden. Ein Ameise kroch Zickzack, steuerte auf meine Füße zu. Bald würde sie an meinen Zehen sein. Wann würde ich ihr den Weg versperren?
In meinem Körper staute sich die Hitze, mein Kopf glühte, mein Gesicht spürte ich rot aufgequollen. Durstig war ich auch. Es reicht mir jetzt. Er soll gehen. Warum lässt er mich nicht allein? Er hat keine Ahnung, wie strapaziös so ein Land sein kann. Wenn man sich nicht abschirmen kann, die Sinne wie Antennen sind, alles empfangen. Ich hätte längst gehen sollen.
Ich drehte mich zur Seite, schlug das Buch auf. Langsam, als befänden wir uns auf einem Karussell, kam er wieder in mein Blickfeld.
„Please go, I'm tired." Ich sagte es in einem Ton, der um Verständnis bat, zeigte mit den Händen an der Wange an, dass ich müde war. Sein Blick ruhte weiter auf meinem Gesicht, bewegungslos, erstarrt. Ich musste schlucken, und

es kam mir sehr laut vor. Ich hielt den Atem an, kam aus dem Rhythmus, fühlte Beklemmung. Ich spürte, wie sein Gesicht langsam näher kam, es füllte zuerst meinen Blick, dann das ganze Tal aus, es wurde größer und größer. Augen beherrschten sein Gesicht, ägyptische Augen, oval, umrandet. Es wurde ein Auge daraus, mit einem großen Augapfel in einem weißen Feld. Es drohte mich zu verschlingen.
„Goooooo!" Laut und gedehnt schrie ich es aus mir heraus, es wollte nicht enden. Es hallte in den Bergwänden wider, ich hörte meinen Schrei in der Stille, im Tal der Könige, hörte, wie er in der Wiederholung langsam erstarb.
Wie von unsichtbarer Kraft geschoben war der Mann zurückgewichen, das Gesicht erschrocken und fahl. Ich selbst war erschrocken über diesen Schrei, der von tief innen herausgekommen war, von einem langen Atem getragen, hineingeschrien in das Tal.
„Okay, okay." Mit ausgestrecktem Arm, die rechte Handfläche mir entgegenhaltend, wich er zurück, das Gesicht noch immer blass. „Relax, relax." Ruhig, beschwörend sagte er es, als müsste er einen unberechenbaren Kranken beruhigen, als fürchtete er einen weiteren Ausbruch. „You are nervous, Lady, very nervous."
Sein Gesicht hatte sich verändert, es drückte Erstaunen und Mitgefühl aus. „Poor Lady", sagte er nach einer Weile, während er mich mitleidig betrachtete, seinen Kopf hin und her wiegte. „Poor Lady", wiederholte er nachdenklich. Als hätte er zum ersten Mal diese andere Seite, die menschliche Seite eines Touristen gesehen.
Der Schrei hatte uns befreit und versöhnt. Mit einer langsamen Drehung wandte er sich zum Gehen.
Er stieg hinab zur Straße. Ich sah ihm nach, wie er leichtfüßig über die Steine ging, sah, wie sich sein Gehen im Gewand fortsetzte. An der Biegung, bevor er eintauchte in den Touristenstrom, blieb er stehen, winkte zu mir herauf. Das Tal der Könige hatte sich geleert. Die Busse waren abgefahren,

die Händler verstreuten sich über die Berge, hinüber in das Tal der Königinnen, zu den Hütten der Händler und Fellachen.

Die Sonne stand hinter der Bergkette, das Licht brach sich an ihrer kantigen Linie, ragte strahlenförmig in den Himmel. Erste Schatten legten sich in das sandgelbe Tal. Nachts, hieß es, würde Re in der Unterwelt versinken, mit Osiris, dem Herrscher des Totenreiches, sich verbinden. Auf der Standwaage des Jenseitsgerichtes werden sie das Herz eines Toten gegen die Wahrheit wiegen, während der schakalköpfige Anubis das Zünglein an der Waage prüft.

Ich war allein. Die Türen zu den Gräbern, zum ewigen Leben verschlossen. Glücklich und wehmütig nahm ich Abschied.

Das Fahrrad glitt die Straße zwischen den Bergen hinab. Fahrtwind kühlte mein Gesicht, drang durch die Kleidung, legte sich auf die Haut. Ich fühlte mich leicht und frei.

Am Nilufer begann die Geschäftigkeit des Abends. Eine orangerote Sonne stand im diesigen Licht über dem Fluss.

Veränderung immerzu

Bergsee   gletschergespeist
sein Überlauf   mäandert   lautlos durch
borstiges Wiesengras
Dunkel   zeichnet sich in vielfältiges   Grün

Länderfiguren

der nordische Hund gelassen
Hase England sitzt aufrecht

Helgoland – weiß beflaggt
die Blüten des Wollgrases   Richtung NO
gezaust   unbeirrt schön

Binsen vor Spanien
stramm   dunkel gestimmt

über dem Stiefel   Wolkenspiel   heiter

am Golf von Neapel hockt eine Kröte

und ich –
worauf hab ich meine Füße gestellt?

So ist es

Im Kullu Valley sollte Frühling sein. Darauf hatten sie sich gefreut. Clarissa lag unter einer schweren Bettdecke, Beine und Füße eiskalt. Ihr war, als würde sie nur noch aus Haut und Knochen bestehen, kein Tropfen warmen Blutes schien ihren Körper zu durchpulsen.
Laut prasselte der Regen auf die Veranda.
Hier oben, außerhalb des Ortes, hatten sie noch eine Unterkunft bekommen. Eine Unterkunft, die sie sich anders vorgestellt hatte. Dieses einfache Holzhaus konnte lediglich den Regen abhalten. Immerhin: Sie waren heil angekommen.
Nach dieser Fahrt. In schmalen Serpentinen war der Bus auf über viertausend Meter hinaufgeklettert. Die Ausweichmanöver immer an der engsten Stelle, Millimeter am Abgrund. Je höher sie kamen, desto kälter war es geworden. Immer mehr Menschen waren unterwegs zugestiegen. Kräftige, abgehärtete Tibeter standen gedrängt zwischen Gepäckstücken und Sitzreihen.
Zuvor der Flug. In der kleinen Propellermaschine hatte sie Angst gehabt, als nach heller Eintönigkeit der Steppe plötzlich die Berge aufstiegen, braungefaltet, plastisch. Dahinter leuchteten weiß die Gipfel des Himalaya. Helles, giftiges Grün lag im Braunviolett der Berghänge, manchmal bis an den Grat. Steif saß sie in ihrem Sitz. Bernhard, der mit dem Finger an ihrem Gesicht vorbei auf die dunklen Flecken zeigte, die Hütten, hatte sie nervös gemacht. Am Flügel des Flugzeugs sitzend hatte sie den Eindruck, als würde die Maschine das ganze Tal ausfüllen, die Bergwände streifen. Als sie gegen Mittag gelandet waren, fühlte sie sich ausgehöhlt, kraftlos und leer. Beißender Wind fiel

sie an. Wind, der nach Schnee roch. Da lag die Busfahrt noch vor ihnen.
„Der Busfahrer", hörte sie Bernhard sagen, die Bettdecke vor Mund und Nase, „fährt jetzt die ganze Strecke wieder zurück. Kannst du dir das vorstellen? Bei stockfinsterer Nacht. Da möchte ich nicht dabei sein."
Und nach einer Pause:
„Das sind zähe Burschen."
Als sie den Fahrer zum ersten Mal sah, als er seinen Kopf durch die aufgeklappte Fensterhälfte gezwängt hatte, erschrak sie. Er würde also die Bergstrecke fahren. Jung war er, Gesicht und Schädel von schweren Knochen geprägt, der wulstige Mund offen, die Augen müde, trüb.
Und jetzt diese Kälte. Warum waren sie eigentlich hier?
Bernhard hatte aus dem hektischen, heißen Delhi weg gewollt. Hier oben im Kullu Valley sollte Frühling sein. Und das sollte sehr, sehr schön sein. Vor dem Hintergrund schneebedeckter Berge blühende Obstbäume und zartes Grün, die ersten Blumen. Sie hatte zugestimmt, weil sie hoffte, auf Tibeter zu treffen. Das hatte sie ihm verschwiegen.
Gegen sechs Uhr abends, bei Dunkelheit und strömendem Regen, waren sie vom Taxi aus auf das Häuschen zugerannt, das schwach beleuchtet war. Nicht sicher, ob hier überhaupt jemand sein würde. Sie rissen die Tür auf, zwängten sich hinein. Ein junger Mann saß da, ein Inder, sah sie ruhig an. Langsam stand er auf und sagte, begleitet von einem Lächeln: „Good evening." Als hätte er gesagt: Da seid ihr ja. Als hätte er sie erwartet.
Jetzt lagen sie frierend im Bett, hingen ihren Gedanken nach. Hatte es nicht geklopft an der Tür? Clarissa hielt den Atem an. Ja, es war deutlich zu hören. Bernhard schälte sich aus dem Bett, ging an die Tür.
Der junge Mann stand da, unter dem Arm ein Heizöfchen. Bernhard bat ihn hereinzukommen. Wasser perlte an seiner dunklen Joppe, in seinem Gesicht rannen Regentropfen.

Wieder hatte er nur diese Gummilatschen an. Er nickte mit einem verhaltenen Lächeln zu Clarissa, schloss das Gerät an, wartete. Die Spiralen leuchteten hellrot auf.

„Better", sagte er, richtete sich auf, „much better." Er lächelte ihr flüchtig bestätigend zu, als fühle er sich jetzt auch wohler.

„Yes", sagte sie, „much better. Thank you."

Wie gut, dass er noch einmal gekommen war. Als er Bernhard in der Rezeption das breite Journal zum Eintrag hinschob, war sie überrascht gewesen. Welch ein schönes Gesicht, dachte sie. Ruhig und gelassen. Der Blick klar. Und als Bernhard mit dem Eintrag begann, trafen sich ihre Blicke. Sie sahen sich lange ruhig an. Sie wich diesem Blick nicht aus, es bereitete ihr keine Mühe, ihm standzuhalten. Nein, es war kein starres Festhalten gewesen, eher ein Eintauchen. Sie ging hinein in diesen Blick, sie durchschritt eine Pforte, kam an eine Schwelle. Vor ihr lag ein endlos weites Tal, von einer Bergkette eingesäumt. Warmes, gelbes Licht lag darüber und Stille. Endlose Stille. Ihre Augen hatten diese Landschaft noch nie gesehen, doch sie war ihr nicht fremd. Eher vertraut. Etwas, das sie schon immer kannte.

Als sie zurückkam, wieder in seinem Gesicht, war alles wie zuvor. Kein Erstaunen, der Blick seiner Augen unverändert. Wie lange war sie fort gewesen? Sie sah, wie Bernhard den Kugelschreiber auf das Journal legte, gespielt seufzte:

„Diese indisch-englische Bürokratie. Was die alles wissen wollen."

Und während sie zur Unterkunft gingen, die beiden sich unterhielten, holte sie immer wieder dieses Bild herbei, das mit dem Eintauchen, mit dem Durchgehen begonnen hatte. Als er ihnen die Räume zeigte, die Wasserhähne prüfte, aus denen nur kaltes Wasser kam, war die Versuchung groß gewesen, sich erneut in seinem Gesicht zu verlieren. Sie zwang sich, an ihm vorbeizusehen. Als er ging, fühlte sie sich allein.

Die Spiralen des Heizöfchens begannen unter der Hitze zu knistern.
Er hielt kurz die Hände davor, als wollte er sich noch einmal überzeugen. Dann wandte er sich der Tür zu. Sie sah ihm nach, wie er mit festen Schritten hinausging. Sie sprachen danach nur noch wenig, und schließlich überwältigte sie doch die Müdigkeit.
Als sie aufwachten und das Licht einschalten wollten, blieb es dunkel. Irgendwo mussten doch Kerzen und Streichhölzer sein. Clarissa zog die Gardinen beiseite. Finstere Nacht. Es regnete noch immer. Sie tasteten in den fremden Räumen umher, stießen an Gepäckstücke und Stuhlbeine.
Sie hörten Schritte auf der Veranda. Im dunklen Quadrat des Fensters tanzte das Licht einer Taschenlampe, dann Klopfen an der Tür. Der junge Mann kam herein, zündete in jedem Raum eine Kerze an. Wie hatte er gewusst, dass sie gerade jetzt Licht brauchten, dass sie aufgewacht waren? Es war neun Uhr abends.
Ob sie etwas zu essen haben wollten, fragte er, blieb abseits im Dunkeln stehen. Aber gab es denn hier oben überhaupt etwas? wollte Clarissa wissen. Er würde es holen, sagte er. War es weit? Nur fünfzehn Minuten. Sie dachte an den Regen, an die Dunkelheit. Als er ihr Zögern merkte, deutete er auf den Tisch. Sie sollten sich etwas auf der Speisekarte aussuchen. Er trat einige Schritte vor, das Licht der Kerze beleuchtete sein Gesicht. Er trug eine Kullukappe. Sie war aus dunklem Stoff, mit einem breiten Streifen über der Stirn, bunt bestickt. Während er sich über den Tisch beugte, sah sie den Haaransatz an den Schläfen, im Nacken, der in feinen Linien verlief. Seine schlanken Finger bewegten sich auf der Speisekarte hin und her, als er die Speisen vorlas.
„Was möchtest du haben?" hörte sie Bernhard fragen.
„Das Übliche", sagte sie flüchtig, gedankenverloren.
Clarissa zog ihre Schuhe an, wickelte sich die Bettdecke um den Körper, goss sich Whisky ein, setzte sich in den Sessel.

Das Licht der Kerze war spärlich. Clarissa hatte den Kopf auf die angezogenen Knie gestützt, blickte auf den Boden.
„Woran denkst du?"
„Ich denke an den jungen Mann", sagte sie nach einer Weile. „Dass er für uns das Essen holt, bei diesem Regen." Sie sagte ihm nicht, dass sie ihn schön fand, von innen heraus schön, und dass sie sich in seiner Nähe wohlfühlte, sich wünschte, er möge immer da sein. Dass sich in seiner Gegenwart das Gefühl wiederholte, das sie beim Anblick der Landschaft empfunden hatte. Ein neues Gefühl von Existenz.
„Er verdient sicher nicht viel. Aber er wird froh sein, diese Stelle zu haben", sagte Bernhard. Sie schwiegen. Der Regen fiel schwer und laut.
Es hört und hört nicht auf. Sie schüttelte besorgt den Kopf.
„Wie halten die Menschen das nur aus?" Sie dachte an die Flüchtlinge in den Lagern, die sie in der Dämmerung vom Bus aus gesehen hatten. Tibetische Flüchtlinge hatten am Fluss Zelte, Blech- und Holzhütten aufgeschlagen. Es war April und noch immer sehr kalt.
Der junge Mann brachte eine Thermoskanne, über die eine gestrickte Haube gestülpt war, und einen Aluminiumbehälter. Wieder lief das Wasser an ihm hinunter. Mit einem freundlichen Lächeln stellte er das Essen auf den Tisch, dann wünschte er ihnen eine Gute Nacht.
Clarissa und Bernhard aßen das Linsenpüree mit dem Fladenbrot, Gemüsecurry und Joghurt.
Beim Aufwachen am Morgen dachte sie an ihn. Sie sah seine ruhigen Bewegungen, sein Lächeln, wie er da war, ohne aufdringlich zu sein.
Pünktlich um acht Uhr kam er mit dem Frühstück. Sie überlegte, wie sie ihn länger hierbehalten konnte. Sie begann ein Gespräch über das Wetter. Der Regen hatte aufgehört. Sie sah auf seine nackten Füße.
„Frieren Sie nicht?" Die Frage amüsierte ihn.

„Nein, ich bin es gewohnt."
„Bekommen Sie keine Erkältung?"
„Doch, manchmal. Das ist so."
Er ließ sie allein. Sie hätte gerne gewusst, wie er hier lebte. Ob sie hier leben könnte?
Nach dem Frühstück packten sie den Rucksack, gingen zu dem alten indischen Tempel, der im Reiseführer erwähnt war. Der Weg führte durch Wald mit hohen, glatten Bäumen. In die Stille hinein krächzte aufgeschreckt ein Vogel. Dann sahen sie auf einer Lichtung den Tempel. Bernhard schlug den Reiseführer auf, begann laut zu lesen:
„Dieser düstere Holztempel der Gottheit Hadimba stammt aus dem Jahr 1553. Hadimba spielt beim jährlichen Fest von Kullu eine wichtige Rolle. Jedes Jahr im Mai feiert man ..."
Und während er weiterlas, ging sie auf dem Waldboden, der mit einem dicken Teppich Nadeln übersät war, weiter zum Tempel. Stufen führten hinauf, über dem Eingang die Glocke, Schnitzereien, verwittert.
Sie zogen ihre Schuhe aus, gingen gebückt durch den niedrigen Eingang. Aus der festgestampften, frisch gefegten Erde ragte ein Stein. Ein frischer Blumenkranz lag darauf. Sandelholzstäbchen verströmten ihren Duft. Das warme Licht einer Fettlampe. Sie blieben vor dem Stein stehen. Eine warmgebetete Höhle, Ecken und Nischen, glattgestrichelt von Menschenhänden. Seit fünfhundert Jahren kamen sie hierher zum Beten. Er würde sicher auch hierher gehen. Wenn die anderen noch schliefen. Ein Leuchten war in seinen Augen gewesen, als sie ihn nach dem Tempel gefragt hatten.
Langsam entfernten sie sich, gingen auf Serpentinen den Berg hinunter. Man sollte jeden Tag so beginnen, dachte sie, sah wieder das Gesicht des jungen Mannes vor sich.
Ihr Ziel waren die heißen Quellen. Sie gingen durch den Ort, hinunter zum Fluss. Graues, trübes Wasser zog zwischen den riesigen Steinen dahin. Über der Brücke, auf der anderen

Seite, Menschen in bunter Kleidung. Fahrzeuge. Tibetische Männer und Frauen, Flüchtlinge, schaufelten nasse, schwere Erde von der Straße. Busse und Lastwagen warteten bei laufendem Motor auf die Weiterfahrt. Der Regen hatte Erdmassen von den steilen Hängen gerissen, auf die Straße geschwemmt, Felsbrocken gelöst. Die Hänge waren abgerissen, durchfurcht. Auch hier wieder die Bäume. Bäume mit kahlen Ästen, ohne Laub. Nur vereinzelt junge, helle Triebe. Mehr war den Bäumen nicht möglich. Das ganze Land war davon betroffen. Jeden Tag gingen die Frauen Indiens hinaus, Brennholz für die Feuerstelle zu holen. Dürres Holz gab es längst nicht mehr, also waren sie gezwungen, grüne Äste abzureißen. Clarissa war entsetzt gewesen, als sie zum ersten Mal vom Zug aus diese eigenartigen Holzstrünke als Bäume identifiziert hatte.
Sie sah hinauf zu den Hängen.
„Lass uns weitergehen, das ist mir nicht geheuer." Ihre Stimme bebte ein wenig, drängte.
„Kein Wunder, wenn sie die Steine zum Bauen und das Holz zum Heizen verwenden müssen. Da gibt es keinen Halt mehr für den Berg."
Bernhard klang resigniert.
Ein schmaler Weg führte sie weiter. Regenwolken verengten die Hochebene, es war düster und kalt. Und still. Irgendwo hinter der Nebelwand mussten die Berge sein.
Sie überquerten unzählige Bäche, deren Wasser eilig zu Tal floss. Helles Glucksen zwischen den Steinen. Ein kleiner Junge zog mit seiner Schafherde durch das weiße Geröll eines Flussbettes. Winzig war er in dieser mächtigen Natur. Keine Eile.
Bernhard blieb stehen, blickte in den Himmel.
„Sieh dir das an. Wenn ich sie wenigstens einmal sehen würde, diese gewaltigen Berge. Es müsste so schön sein. Außerdem sollen jetzt die Apfelbäume blühen. Der Rotangpass ist gesperrt, wir können nicht hinauffahren."

Während sie dastanden, rissen die Wolken auseinander. Helles Licht schob sich in das graue, zerrissene Tuch am Himmel. Bäume, dunkelgrün schraffiert, tauchten auf, verschwanden, als zögen sie weiter. Andere erschienen als schwarzgezackte Linien im weißen Hauch, hoch oben, wo man sie nicht vermutete. Die Dramatik nahm ihren Lauf. Hinter ziehendem, gewaltigem Weiß schimmerte Gelb, es schob sich langsam nach vorne, der Schleier zerriss, ein safrangelbes, geschwungenes Dach erschien. Leuchtend stand es inmitten dem Rauchblau der Berge.
„Ein Tempel", schrie Clarissa, „hast du gesehen, ein Tempel, da möchte ich hin."
„Zuerst zu den heißen Quellen, bitte, meine Füße sind eiskalt."
Aber danach, dachte sie, danach. Der Himmel war bald wieder verschlossen.
Der Weg hinauf zum Ort war steil. Holzhäuser, silbrig grau verwittert. Am Geländer der Balkone leuchteten bunte Decken und Kleider. Das Vieh stand eng angebunden am Haus, kaute Stroh. Kinder sprangen, vertieft in ihr Spiel, in Kästchen, die sie auf die Erde gemalt hatten. Einer rief ihnen ein Hallo zu, die Erwachsenen kümmerten sich nicht um die Fremden.
Die heißen Quellen waren eingefangen in zwei Becken, jedes umgeben von einem hohen Rondell. Ein Männerbad, ein Frauenbad. Daneben ein kleiner Tempel.
Sie gaben ihre Schuhe ab und gingen im Freien über kalte, nasse Steine in das jeweilige Bad. Schreien und Lachen dröhnte aus dem steinernen Gehäuse. Clarissa blieb stehen und sah die Kinder, wie sie sich vor Freude wild gebärdeten. Flink und glänzend waren ihre Leiber. Sie tauchten kurz unter, waren bald wieder oben, strichen sich prustend das Haar aus der Stirn. Clarissa stellte sich ihre Behausungen vor, ihre dicke Kleidung, die sie im Winter selten wechseln konnten. Es musste wunderbar für sie sein.

Außerhalb des Beckens, am fließenden Wasser, wuschen sich die Frauen. Sie lächelten Clarissa zu. Flink und verschämt hantierten sie bei den Waschungen, wechselten geschickt ihre Kleidungsstücke, während sie die Fremde nicht aus den Augen ließen.
Clarissa ließ das heiße Wasser über ihre Füße laufen. Zu gerne wäre sie wie die Kinder ganz in die heiße Quelle getaucht.
Danach rechnete Bernhard ihr vor, dass sie es nicht schaffen würden, zum Tempel zu gehen. Er sei mindestens zwei Stunden entfernt. Der Rückweg, das Wetter, die Dunkelheit. Sie atmete tief.
Sie gingen talwärts. Gewaltige Wolken zogen mit ihnen, nasser Nebel hüllte sie ein. Bernhard hatte es aufgegeben, die Berge zu finden. Schweigend suchten sie ihren Weg.
Die Straße war wieder frei. Im Ort leuchteten schwach die ersten Lichter. Schemenhaft die Zelte der Flüchtlinge am Uferrand. Kleine, dunkle Maulwurfshügel.
„Wir sollten in der Stadt essen." Bernhard blieb stehen. „Das Essen ist besser. Außerdem ist es wärmer."
„Ja", sagte sie zögernd. Sie dachte an ihn. Ziehender, sehnsüchtiger Schmerz befiel sie. Ob sie ihn heute noch sehen würde?
Und während sie auf das Lokal zugingen, dachte sie an die Flüchtlinge in ihren Zelten. Sie schämte sich.
Im Restaurant war es warm wie in einem Stall. Im spärlich beleuchteten Raum lag der Duft von Kardamom, Zimt und Curry. Sie zogen ihre feuchten Jacken aus, ließen sich in ausgeleierte, gepolsterte Sessel fallen, tranken heißen Tee. Wie wenig es braucht, dachte Clarissa, in absoluter Zufriedenheit und Glückseligkeit zu sein. Vorausgesetzt, man hat das Gegenteil erfahren.
Das Gespräch mit einem Einheimischen begann, als Bernhard nach dem Essen seine Taschen nach Streichhölzern absuchte. Ein bärtiger junger Mann hatte ihm schnell das Feuerzeug gereicht, und das Woher und Wohin nahm sei-

nen Lauf. Er und sein Bruder hätten schöne alte Sachen aus Kaschmir mitgebracht. Teppiche, Schmuck.
Nein, nein, sie wollten nichts kaufen. Beide wehrten heftig ab. Er aber gab nicht auf, und so vereinbarten sie mehr aus Höflichkeit einen Termin für den nächsten Tag.
Als sie gegen neun Uhr abends mit dem Taxi zu ihrer Unterkunft kamen, trat der junge Inder aus der Tür des Häuschens, begrüßte sie. Sie erzählten, wo sie gewesen waren. Ob sie noch etwas bräuchten für die Nacht? Nein danke, nichts mehr.
„Wenn es morgen weiter regnet", sagte Bernhard, während er die Bergstiefel auszog, „dann fahren wir hinunter ins nächste Tal, da ist es wärmer."
Sie erschrak. Weg von hier? Sie konnte Bernhard verstehen. Es war kein Spaß bei Kälte und Regen spazieren zu gehen, die Landschaft verhüllt, am frühen Abend sich in das klamme Bett verkriechen zu müssen.
„Wir hätten uns heute schon warme Unterwäsche kaufen sollen. Wenn man nicht friert, ist alles leichter zu ertragen."
Sie bemühte sich praktisch und unbeschwert zu wirken.
„Ich weiß nicht. Ich glaube nicht, dass das noch viel ändert. Die Orte auf dieser Höhe sind jetzt einfach trist und ungemütlich."

Am nächsten Tag, pünktlich elf Uhr, trat der Mann vom Vorabend auf sie zu, führte sie zu seinem Auto.
Außerhalb der Stadt standen neue Wohnhäuser. Betonkästen auf dünnen Stelzen, unverputzt. An den Fenstern Fetzen von Gardinen. Sie gingen in eines der Mietshäuser, die Zementstufen verschalt, die Treppe notdürftig gesichert.
Der Bruder des jungen Mannes erschien, führte sie in einen Raum, der außer Kartons und Teppichen nichts enthielt. Das Licht war schwach, kam von einer Glühbirne an der Decke. Auf Kissen nahmen sie Platz.
Das Spiel begann. Wollten sie keine Teppiche? Alle Europäer kaufen Teppiche. Seidenteppiche. Er bewegte sie auf seinem

Arm, so dass ihr Glanz die Farben in schimmernden Wellen fortbewegte. Clarissa musste dabei an die Bewegungen eines Frettchens denken, obwohl sie noch nie eines gesehen hatte. Nein, keinen Seidenteppich. Sollte sie ihm sagen, dass sie Kinderarbeit ablehnte? Er würde es nicht verstehen.
Eine junge Frau mit Kopftuch kam in das Zimmer gehuscht, stellte ein Tablett mit Teekanne und Gläsern ab, den Blick gesenkt.
Der Bruder zeigte jetzt bunte Kleider und Schals. Clarissa verneinte mit einem Kopfschütteln. Dann breitete er ein Tuch vor ihnen aus, legte mit ruhigen, eleganten Bewegungen Ketten und Ringe darauf, als wären es höchste Kostbarkeiten. Aber … sie war enttäuscht, das war schlecht gegossene Fabrikware, das konnte sie überall in Deutschland kaufen. Hatte er keinen alten Schmuck? Schmuck von Frauen, den sie im Bus gesehen hatte. An den Handgelenken große, prächtige Silberreifen. Türkise, groß wie Kieselsteine, in Silber gefasste Korallen.
Der Mann bedauerte. Dieser Schmuck war im Besitz der Frauen, er wurde nur verkauft, wenn die Familie in Not war.
Die Brüder überlegten, wechselten einige Worte. Ein flaches Bündel wurde aus der Ecke geholt. Bedächtig begann der Bruder das Paket zu entknoten.
„Wir haben es vor wenigen Tagen aus Kaschmir mitgebracht", sagte er leise, bedeutungsvoll. Dann setzte er sich im Fersensitz aufrecht hin, und vor seinen Knien entrollte er das Tuch.
„Ein Thangka. Kennen Sie das?"
Clarissa nickte. Diese Farben. Buddha umgeben von rechteckigen Feldern, in denen die Möglichkeiten der Wiedergeburt abgebildet waren: Götterwelten, Unterwelt, Mensch, Tier, Gespenst. Ein zweites Bild wurde entrollt. Es war ebenso schön. Andachtsbilder, dachte Clarissa. Menschen haben davor gebetet.

„Gefallen sie Ihnen?"
„Sie sind wunderbar."
Ein drittes wurde entrollt. Still war es, während Clarissa auf das weite, gelbe Tal schaute, von einer Bergkette gesäumt. In der Mitte des Tales saß Buddha in gesammelter Stille. Clarissa schloss die Augen.
„Was ist? Warum sagst du nichts?"
Und nach einer Weile: „Gefällt es dir nicht?"
„Doch. Es gefällt mir sehr gut." Ihre Stimme war extrem leise.
„Aber? Warum zögerst du?"
Sie saß da, unbeweglich, sah auf das Bild.
„Du solltest dich entscheiden."
Sein drängender, ungeduldiger Ton war nicht zu überhören.
„Also, die beiden anderen sind in den Farben lebendiger, interessanter", versuchte Bernhard eine Entscheidung herbeizuführen, „allein das Violett zwischen dem giftigen Grün, hier eine Spur Rosa, was für eine Kombination, findest du nicht auch? Die Umrandung verblasst … auch das ist schön."
„Woher kommt dieses Bild?" fragte sie leise.
„Ich habe es einer Frau abgekauft. Sie war auf dem Weg in die Stadt."
Clarissa wollte nicht weiter fragen. Sicher hatte die Frau Geld gebraucht.
Jetzt war das Bild zu ihr gekommen. Die Landschaft. Es war das, was sie in seinen Augen gesehen hatte.
Bernhard rutschte auf dem Kissen hin und her.
„Also, für welches hast du dich entschieden?"
„Ich werde keines nehmen."
Bernhard sah sie verwundert an. Feine Linien hatten sich um seinen Mund gelegt, die Wangenmuskeln waren angespannt. Wie zur Entschuldigung hob er kurz die Schultern, blickte zu den Männern, seufzte, entschuldigte sich.
Als sie sich verabschiedeten, sah sie die Enttäuschung in ihren Gesichtern. Es tat ihr leid. Sie verzichteten mit dem

Auto zurückgebracht zu werden. Die Luft war feucht und kalt. Schweigend gingen sie durch den Matsch der Straße in die Stadt. Bei allem, was an diesem Tag geschah, war sie nur noch Beobachterin.

In den buddhistischen Tempeln sah sie Frauen in ihren bunten Kleidern, murmelnd die große Gebetsmühle in der Mitte und die kleineren an den Wänden entlang bewegen. Die Frauen lächelten, wenn sich ihre Blicke begegneten. Im Hof eines Klosters trafen sie fröhlich lachende, junge Mönche in dunkelroten Gewändern. Sie sah wieder die kahlen Äste der Bäume und dachte: So ist es.

Als sie am nächsten Tag nach dem Frühstück mit den Rucksäcken in der Rezeption erschienen, fragte der Mann erstaunt, ob sie wirklich gehen wollten. Er sah von einem zum andern und in seinem Gesicht glaubte Clarissa Enttäuschung, vielleicht auch Bedauern zu sehen.

Ja, sie gingen. Bernhard deutete in den wolkenverhangenen Himmel.

Der Mann verstand, nickte nachdenklich.

Während er die Rechnung schrieb, ging Clarissa hinaus, schaute hinunter in den Nebel, der sich als weiße Schicht zwischen Tal und Berge gelegt hatte. Kräftig, fest, als ob man darauf gehen könnte.

Feiner Schmerz durchzog sie. Gleichzeitig sah sie wieder das Bild vor sich. Das, was sie erahnt und gesucht hatte, war gefunden.

Sie wusste, dass sie diesen Ort niemals verlieren würde.

In einer fremden Stadt

Vom dreizehnten Stockwerk des Hotelzimmers aus blickte sie auf die Stadt, auf ein Meer verschwommener Lichter, die unter der Smogschicht flackerten. Kein Laut drang durch die Fensterfront in den klimatisierten Raum. Weit weg waren Häuser und Menschen. Wie in einem Aquarium, dachte sie. Nur, wer war drinnen, wer draußen?
Hinter ihr das Zimmer, dunkel. Der ruhige Atem Alberts gab ihr das Gefühl von Geborgenheit. Dabei war er es, der schlief.
„Zwanzig Minuten, dann weck mich, bitte."
Eine kleine Erholungsphase zwischen Tagungsende und Abendessen.
Peking. Kaum zu glauben, dass sie jetzt hier war. Als Kind hatte sie von der Gelben Gefahr gehört und China war unendlich weit weg gewesen. Jetzt kam rasant die Öffnung zum Westen.
Es wird Zeit, dachte Theresa, ging zum Bett und legte sich neben ihn. Nicht zu zaghaft, schließlich sollte er aufwachen. Er reagierte mit einem tiefen Atemzug. Ihr Arm berührte ihn leise. Ein Seufzer folgte.
„Wie spät?", kam es schlaftrunken.
„Ich weiß nicht, aber ich denke, es wird allmählich Zeit."
Gedämpftes Licht im großzügig ausgestatteten Zimmer, das Bad so luxuriös, dass man es so schnell nicht verlassen mochte. Da ließ sichs gut leben und regenerieren, nach einem anstrengenden Tag. Welch ein Kontrast zum Leben draußen.
„Was ist das eigentlich für ein Restaurant?", rief sie vom Bad aus in das Zimmer. „Muss ich mich da besonders …"
„Nein, auf keinen Fall. Es soll sehr einfach sein, abseits gelegen, mit guter einheimischer Küche. Frank und Oliver

haben die Adresse von chinesischen Kollegen bekommen. Sie waren gestern schon dort, waren ganz begeistert. So gegen zwanzig Uhr. Es ist nur für Chinesen."
„Dann kann ich mir gut vorstellen, was es dort zu essen gibt ..."
„Lassen wir uns überraschen", wehrte er ihre Bemerkung ab, in der ein leicht aufgebrachter Ton mitschwang.
Sie wollten zu Fuß gehen. Seit drei Tagen waren sie hier und Albert hatte noch nicht viel von Peking gesehen. Mit Bus oder Taxi konnten sie immer noch fahren.

Als sie den Lift verließen, blieb Theresa in der Hotelhalle stehen. Sie warf einen Blick auf das riesige, blaue Bild.
Lange war ihr die asiatische Bilderkunst fremd gewesen und hatte sie nicht berührt. Zu harmlos, idyllisch. Berge, Wasser, ein Hüttchen, ein Mensch. Bis ihr eines Tages ein Buch in die Hände gefallen war, in dem der Bildaufbau des klassisch chinesischen Bildes erklärt worden war. Seitdem war die Begegnung mit diesen Bildern anders und manchmal suchte sie, einfach so, nach diesen Kriterien.
Was war so besonders an diesem Bild? Eigentlich nichts. Nur die übliche Einfachheit: Himmel, Berge und Gewässer, einige Felsen, ein Weg. Umgeben von viel Raum. Diese räumliche Leere hatte eine große Bedeutung, wie sie jetzt wusste. Sie wies auf die Beziehung zwischen Himmel und Erde hin. Vorne am Bild, zwischen kleinen Felsen, begann ein Weg. Und von hier, von dieser nahen Position aus schweifte der Blick ungehindert in die gezeichnete Ferne. Ja, so war es gedacht.
Harmonie und Vollkommenheit. Immer wenn sie durch die Lounge ging, musste sie stehen bleiben. Es dauerte nicht lange, und sie hatte das Gefühl, als könnte sie in die Landschaft hineingehen, als würde sie von ihr aufgenommen werden.
In der Lounge das Personal in traditionellen Kleidern, lautlos. Riesige Teppiche, Möbel aus edlen Hölzern, Schwertlilien in Vasen, alles wohldosiert. Gedämpfte Stimmung.

Theresa spürte wieder die Ambivalenz, die sie an schönen Orten überfiel. Sonst eher der Einfachheit zugeneigt, konnte sie einer Atmosphäre wie dieser hier nicht widerstehen. Es gibt verschiedene Arten von Schönheit, dachte sie. Diese hier ist eine davon. Warum soll ich sie nicht genießen, wenn sie mir zufällt?
So beruhigte sie sich, hörte aber gleichzeitig die Stimme, die sagte, dass hier viel Geld verbraucht, wenn nicht verschwendet wurde, während draußen vor der Tür …
„Sieh dir das an." Sie packte Albert am Arm, zwang ihn stehen zu bleiben. „Dieses Rot." Sie meinte die Kleider der jungen Chinesinnen.
„Die blauen Schwertlilien. Dazu dieses Bild. Was für ein Arrangement."
„Das hier ist eine Bühne in der Welt des Kapitals, und in dieser Welt sind solche Attribute hilfreich und förderlich." Albert legte seinen Arm um ihre Schultern. „Schön, aber nicht unsere Welt, Gott sei Dank. Du weißt, dass wir nur auf Grund eines Buchungsfehlers hier sind. Diesen Luxus zahlt uns das Hotel."
Auch die Männer trugen traditionelle chinesische Kleidung. Und alle waren sie jung, schön, perfekt. Die Mädchen, Äpfelchen und Quitte mit tiefschwarzem Haar, rotem Kirschmund. Strenge und Distanz lag darin, Geschichte und Ritual. Wie auf frühen Rollbildern erschienen die jungen Menschen. Keine Alten. Auch das hat Tradition, dachte sie, die meisten chinesischen Kaiser verschlossen sich der Realität draußen.

Auf den Straßen überfiel sie Lärm, Gestank von Abgasen. Sie gingen auf dem Trottoir, neben ihnen die Radfahrer und Autos, die große Hauptstraße entlang zum Tiananmen Platz, dem Platz des himmlischen Friedens. An den Fassaden der Kaufhäuser die senkrecht laufenden Stoffbahnen mit dicken Schriftzeichen darauf.
Es musste frustrierend sein, nicht lesen zu können.

„Hier bin ich heute entlanggefahren", sagte sie stolz. „Mein Gott, sind das Entfernungen. Ich habe die Länge der Straße unterschätzt und war kurz in Panik, weil ich fürchtete, vor Dunkelheit nicht mehr ins Hotel zu kommen."
Sie deutete auf die Straße. „Schau, die Straße für Radfahrer ist fast genauso breit wie die für Autos. Da siehst du, wie viele Fahrräder nebeneinander Platz haben. Du musst dir mindestens zehnmal so viele vorstellen."
„Ich beneide dich. In Peking mit dem Rad zu fahren, das hätte mir auch gefallen. Außerdem wird es das bald nicht mehr geben."
Sie blieb stehen, blickte die Straße entlang.
„Also, ich spüre jetzt noch den Sog."
Und mit einer weiten Bewegung zur Straße hin fuhr sie fort:
„Eine dunkle Wolke Radfahrer, und ich mittendrin. Lenkstange an Lenkstange. Es war ja Rush Hour. Alles war auf dem Weg nach Hause. Ich musste mich wahnsinnig konzentrieren, obwohl sie alle sehr diszipliniert fahren. Ich konnte nicht zur Seite schauen, die Autos neben mir habe ich nur als Lärm wahrgenommen. Am spannendsten war es, wenn wir an eine Kreuzung gekommen sind, wenn der Polizist die Hand zum Halten hob und alles stand. Warten in großer Anspannung. Und wenn dann mit der nächsten Armbewegung die Erstarrung sich löste …
Unglaublich. Ich fühlte mich wie ein Fisch in einem großen Fluss. Im Sog der heimwärts eilenden, stummen Menschen bin ich mitgeschwommen. Meine Sorge war nur, dass ich nicht rechtzeitig den Strom verlassen könnte. Die Zeichen an den Kaufhäusern hatte ich mir eingeprägt, vor allem die westliche Reklame. Das Hotel sah ich schon von weitem, aber es war schwierig aus der Bahn auszuscheren."
„Du hast es geschafft." Albert zog sie an sich. Er war stolz auf sie.

„Mit Mühe. Ich habe zwei Radfahrer aus ihrem Rhythmus geworfen, das heißt, sie mussten kurz anhalten, absteigen, weil ich sie angefahren habe."
„Und, wie haben sie reagiert?"
„Mit unbewegter Miene, geduldig."
„Weißt du, dass die Hauptstraßen Pekings so lang sind, dass sie bis zu fünfmal ihren Namen wechseln? Aber generell sind Straßen leicht zu finden, weil sie gerade sind und in Achsen verlaufen. Angelegt wie zu Kaisers Zeiten."
„Oh, Sie sind so schön und klug, Madame, ich werde Sie zu meiner Fremdenführerin in Peking machen."
Sie lachte auf. Sein englisch-chinesischer Singsang amüsierte sie.
Er spielte auf die Verkäuferinnen in einem Kaufhaus an, in das sie gleich am ersten Abend gegangen waren. Kaum waren sie an einer Theke stehen geblieben, kam eine junge Verkäuferin, deutete eine Verbeugung an und sagte lächelnd den Satz, mit dem sie offensichtlich auf Touristen vorbereitet worden war: „You look nice, and you are very young, Madame." Das hatten sie nicht nur einmal gehört, im Laufe des Abends.
„Hier hat mich heute ein Amerikaner angesprochen. Er stand mit dem Stadtplan da, drehte ihn in alle Richtungen. Er muss völlig desorientiert gewesen sein. Das gibt es ja, dass du plötzlich die Himmelsrichtungen nicht mehr ausmachen kannst."
„Was hat er gesucht?"
„Er wollte in den Kaiserpalast. Dabei stand er nur wenige Meter davon entfernt. Natürlich hat er mich gefragt, wo ich herkomme. Und als ich Deutschland sagte, wurde sein Gesicht ernst und er sagte, dass er ursprünglich auch aus Deutschland komme. Sein Vater ist 1937 von Nürnberg aus nach Amerika geflohen. Damals war der Junge sieben. Ich wollte etwas sagen. Aber es klingt alles so banal in diesem Zusammenhang. Ich habe ihm gesagt, dass es keine

Worte gibt für das, was geschehen ist. Auch, dass mich das alles sehr bewegt, und dass ich dazu besser nichts sagen möchte."

„Und wie hat er reagiert?"

„Ich glaube, er hat mich verstanden. Er hat genickt, ernst und forschend. Wir haben uns lange angesehen."

„Du entkommst der Geschichte nicht. Dieser schon gar nicht", sagte Albert wie zu sich selbst, „nirgendwo auf der Welt."

„Es war eigenartig. Danach hat er auf seine rote Mütze gedeutet. Eine typisch amerikanische Baseballmütze hatte er auf. Er trage sie deshalb, weil sie hier alle auf seine rotblonden Haare starren würden. ‚Ich will nicht wie ein Exot angestarrt werden.' Ich habe mich gefragt, warum er das erwähnt hat."

Je weiter sie sich von der großen Hauptstraße entfernten, um so enger, dunkler, aber auch lebhafter wurde es. Nur noch Menschen. Authentischer geht es nicht, dachte Theresa. Hätten sie nicht diese Adresse gehabt, wäre sie jetzt nicht mehr weitergegangen.

Albert hielt jungen Chinesen den Zettel mit der Skizze hin, und nach wenigen Schritten standen sie vor dem Lokal.

Fremder, wohliger Essensgeruch und chinesische Laute kamen ihnen entgegen. Ein Kellner begrüßte sie chinesisch lächelnd und führte sie an einen Tisch in einer Nische, an dem Frank und Oliver saßen. Zwei amerikanische Kollegen waren noch hinzu gekommen.

„Wie schön, dass ihr da seid, dass ihr das Lokal gefunden habt."

Zu trinken? Chinesisches Bier wurde empfohlen. Warum nicht. Es würde entspannen, nach diesem anstrengenden Tag. Und während die Unterhaltung der Männer um das Tagungsprogramm und die Vorträge kreiste, sah Theresa sich um.

Die Einrichtung türkisfarben, Plastikblumen, bunte Plastiktischdecken, Neonröhren an der Decke.
Aus der Küche das Hantieren der Köche. Chinesische Familien schlürften, schmatzten, lachten, redeten schnell und durcheinander. Sie aßen mit großem Vergnügen. Essen ist Medizin, die nicht bitter ist, heißt es in China. Und wenn sie sich begrüßen, sagen sie: Hast du schon gegessen? Die Neigung der Chinesen für exotische Speisen. Angeblich in den immer wiederkehrenden Hungersnöten entstanden: Die Menschen gruben in der Erde nach Eßbarem. Sie stießen auf Wurzeln, Maden, Larven, Tiere. Eine ausgeklügelte Zubereitung entwickelte sich.
Langes Leben wird angestrebt. Sie stecken Tiere in Flaschen mit Alkohol. Hier standen sie in Vitrinen und Schränken, eine an der anderen. Ausgestellt wie in einem medizinischen Forschungslabor, nur diese hier waren keineswegs Missbildungen der Natur. In Flaschen schwammen, standen gelblich-grüne Echsen, Frösche, Schlangen. Ihre Münder und Augen geweitet, die Gliedmaßen ausgebreitet. Gekreuzigte Wesen, ihr Leben im Schreck erstarrt.
Theresas und Alberts Blicke trafen sich. Sie wussten, was der andere darüber dachte.
Theresa deutete mit einer Kopfbewegung in die Ecke des Lokals, in der ein rechteckiger Glaskasten stand.
Zwei Fische schwammen darin. Ziemlich groß der eine, ein Hecht, der andere etwas kleiner. Eigentlich bewegten sie sich mehr in Zeitlupe, als dass sie schwammen. Der Behälter war kaum größer als die Fische selbst. Wie sich der Große wand, wenn er abbog am Ende der Glaswand. Es war kaum anzuhalten. Keine Pflanze, kein Stein, nur Wasser und Enge. Er wird doch nicht sein ganzes Fischleben darin verbringen müssen …
„Mich wundert, dass sie hier keine Goldfische im Aquarium haben", sagte sie, tat harmlos, beiläufig, während sie innerlich zu brennen begann.

Sie sah, dass Albert nachdachte, dann zuckte er kurz mit den Schultern, wurde abgelenkt, weil die Kollegen mit der Bestellung des Essens beginnen wollten.
Der junge Kellner, der einige Brocken Food-Englisch beherrschte und von einem Jahr Aufenthalt in Polen zehrte, empfahl und empfahl. Die Augen der jungen Männer leuchteten. Schlange, Schnecken, Chicken, Schwein ja, kein Hund, keine Katze, aber wer weiß schon wirklich, was er hier isst, Ente sowieso ... Der Kellner notierte, bestätigte nickend. Reis, Gemüse. Und später dann diese kleinen frittierten Dinger, die wir gestern hatten.
„Was sind das für kleine Dinger?", wollte Theresa wissen.
„Das sagen wir dir besser nicht, sonst bist du uns vielleicht böse", lächelte Frank etwas verlegen.
Na gut. Sie war froh, es nicht zu wissen. Sie würde sich an Reis und Gemüse, chinesische Knödel halten.
Die Frau auf dem Markt fiel ihr ein. Wie sie den kleinen Hund prüfte, den sie kaufen wollte. Wie sie mit der Fußspitze den am Boden liegenden, winselnden Hund hin und her stieß, ob er auch lebendig, frisch genug war, ihn am Rücken abtastete und schließlich kaufte, im Korb nach Hause trug.
Ob Hund oder Schwein, könnte man fragen, worin liegt der Unterschied? Andere Länder, andere Sitten, hatte ihr Großvater immer gesagt, wenn er etwas essen sollte, das er nicht kannte: „Der Chines mag Mäus, i mags net."
Und während die Unterhaltung der übermüdeten und somit ausgelassenen jungen Männer weiter ging – es interessierte Theresa nicht, wie viel Schlangen- und Eidechsenschnaps oder Sonstiges die lustigen Burschen gestern Abend getrunken, welch knusprig Gebratenes sie zur späten Stunde zu sich genommen hatten –, sah sie wieder zu den Fischen.
Sie folgten ihrem Gesetz, trieben von einer Ecke in die andere, schwammen eineinhalb mal die Länge ihres Körpers, stießen an das Glas. Düster, monoton, ruhelos. Kein Stäubchen,

keine Faser durchzog ihr Maul. Einmal am Tag würden sie gefüttert werden, in einer Minute war alles geschluckt. Den Rest des Tages durchzog Leitungswasser ihre Kiemen.
Sie schüttelte den Kopf.
„Sinnlos", sagte sie.
„Was hast du gesagt?" Albert beugte sich zu ihr. Ihre Kopfbewegung deutete zum Aquarium.
„Sinnlos", sagte sie laut. „Schau dir das an. Wie kann man einen so großen Fisch in einen so kleinen Behälter stecken? Diese sinnlose Quälerei. Wie in einer Zwangsjacke. Ich bekomme direkt Beklemmung." Sie legte ihre Hand auf die Brust. Es wurde ganz eng da drin.
„Dann schau nicht hin." Albert klang ärgerlich. „Was interessiert dich das Aquarium in einem Restaurant in Peking?" Und dann etwas milder: „Sollen wir Platz tauschen?" Sie verneinte.
„Was du alles siehst." Er schüttelte den Kopf, seine Augenbrauen waren dunkle Bögen geworden. „Du kannst dich doch nicht immer mit diesen Dingen beschäftigen. Da kommst du nie zur Ruhe. Das nimmt dir zu viel Kraft. Man muss sich von einer Sache auch wieder lösen können. Außerdem finde ich dich nicht gerade kommunikativ heute Abend. Ich finde es unhöflich, wie du dich aus der Unterhaltung herausnimmst."
„Es gibt so viel zu sehen hier ... Deshalb werde ich jetzt einen Blick in die Küche werfen."

Die Küche war ein halboffener Raum und glich einer Schmiede, dunkel und heiß. Eine Schmiede, in der das Element Feuer entfacht worden war.
Das Feuer für die Speisen, das nicht zu stark und nicht zu schwach sein durfte, sollte eine chinesische Speise gut gelingen.
Fünf schmale Männer, darunter zwei Buben, blickten kurz von ihrer Arbeit auf, nickten ihr mit ernstem Blick zu, wäh-

rend sie hastig das Fleisch, das Gemüse in den Wok warfen, rührten, schüttelten. Flammen loderten auf, Dampfwolken vernebelten für einen Moment die Gesichter der Männer. Zwischendurch mit dem Ärmel eine schnelle Bewegung zur Stirn, die mit Schweißperlen übersät war. Türme runder Dampfkörbe aus Bambus am Rande des Feuers. Dann konnte sie sehen, wie einer der Köche das scharfgeschliffene Beil nahm, das Beil, das alle Messer Europas ersetzt, und auf dem Hackstock Chilischoten der Länge nach durchschnitt, vielmehr ließ er das Beil geschmeidig durch die schmale, glänzende Frucht gleiten, als gäbe es nichts Leichteres auf der Welt, schabte mit der Spitze die Kerne heraus.
Die zarte, flache Hand des Koches, der helle Stahl, die kleine, grüne Schote. Ein Augenblick der Ruhe und Schönheit inmitten schneller Hantierungen, Schweiß, Dampf und Rauch.
Sie war glücklich, dies gesehen zu haben.
Über eine Stunde aßen und tranken sie und es schmeckte wunderbar.
Zur Toilette ging es nach draußen, gleich um die Ecke in die kleine Straße. Einige Meter geradeaus, da war es. Nein, danke, sie brauchte keine Begleitung.
Noch erhellte Neonlicht aus kleinen Geschäften die dunkle Straße, dann wurde es mit jedem Schritt dunkler und stiller. Links und rechts Häuser, in deren Fenstern dumpfes Licht schimmerte. Keine Gardinen, nur eine Funzel an der Decke. Menschen huschten an ihr vorbei, sie verzögerte ihre Schritte. Bald war nichts mehr zu erkennen. Solch eine Dunkelheit hatte sie schon lange nicht mehr erlebt. Nicht mal in freier Natur. Dort gab es zumindest Sterne. Wenn sie die Toilette nicht bald finden würde, müsste sie umkehren oder sich einfach hinsetzen. Hinter ihr näherte sich ein eiliges, leichtes Klappern von Sandalen, sie gingen in Laufschritt über, je näher sie kamen, es musste ein Kind sein, oder eine Frau. Ein dunkler Schatten, eine kleine, zierliche Gestalt lief an

ihr vorbei, Theresa folgte ihr tapsend. Wände, schemenhaft. Eine Vertiefung im Zementboden würde sich dahinter befinden. Sie hatte mit dieser Einrichtung bereits Bekanntschaft gemacht und sich gewundert, mit welch einer Selbstverständlichkeit man sich an diesem Ort begegnet. Theresa tastete sich, die Arme wie eine Blinde ausgestreckt, Schritt für Schritt in das Dunkel, hielt inne, orientierte sich am Geplätscher, setzte sich etwas abseits davon in die Hocke.
Den Weg zurück ging sie leicht und gelassen und wie von einer unsichtbaren Schnur gezogen durch die dunkle Straße zurück zum Lokal.
Wie laut es inzwischen geworden war. Oder war es nur der Kontrast zur Stille draußen? Die Männer ließen sich gerade vom Kellner einiges „Food-Chinesisch" beibringen, lachten viel und amüsierten sich. Der aus der Ukraine stammende Amerikaner, der bereits sieben Sprachen beherrschte, wie er sagte, war hartnäckig und kapierte schnell.
Kaum dass sie saß, ging ihr Blick wieder zum Aquarium.
„Du hast recht", sagte sie erleichtert, „man sollte sich wirklich nicht zu viel Gedanken machen. Manchmal sieht man die Dinge einfach falsch."
„Was meinst du?"
„Die Fische." Sie legte ihre Hand auf seinen Arm. „Ich glaube, sie necken sich, so wie Hunde oder Pferde. Schau doch hin."
Albert sah in Richtung Fische. Sie bewegten sich jetzt heftiger, stießen sich mit aufgerissenen Mäulern. Immer schneller wendeten sie an der Scheibe, tauchten unter, stiegen auf, begannen erneut. Der Große verfolgte den Kleinen. Fasern wurden sichtbar, trieben im Wasser wie Futterflocken. Immer mehr wurden es, auch größer wurden sie. Es schwammen helle Fetzen.
„Mit Necken hat das nichts mehr zu tun, befürchte ich."
Albert sagte es nüchtern, trocken. „Die kämpfen."
Das Wasser trübte sich, wurde dunkler.

„Der Große attackiert den Kleinen, eindeutig ..." Das Wasser wurde dunkler, als ob man einen Pinsel ins Wasser tauchte. Kurz nur war es zu sehen, schon löste es sich auf.
„Glaubst du wirklich ...?" fragte sie hastig. Sie sah sein ernstes Nicken.
„Aber ... wir können doch nicht dabei zuschauen, wie sie sich zerfleischen ..."
Sie sprang auf, suchte nach dem Kellner. Albert sah, wie sie mit den Armen fuchtelte, Aufregung im Gesicht. Sie zog den Kellner zum Aquarium.
„Holen Sie den Fisch raus", schrie sie, merkte, dass er sie nicht verstand, sie schrie „out, out", deutete auf den kleinen Fisch, dessen Seite an der Flosse aufgerissen war.
Der Ober starrte auf das Geschehen im Wasser, bewegte sich nicht. Chinesen standen vom Essen auf. Hinter Theresas Rücken drängten sich heftig redende Menschen. Sie sah sich um. Gierig und zugleich zufrieden verfolgten sie den Kampf, der heftiger geworden war. Auch die Köche hatten ihren Platz am Herd verlassen. Es war, als sähen sie alle einem Kampf zu, auf den sie lange gewartet hatten.
Theresas Blick wanderte hilflos umher. Albert drängte sich zwischen die Menschen, nahm sie an der Hand und führte sie durch die Menge. Er warf einige Geldscheine auf den Tisch und ging mit ihr aus dem Lokal. Niemand nahm Notiz von ihnen.
Auf der Straße blieben sie stehen. Er umarmte sie und sie lehnte sich in seinen Arm. „Sei nicht traurig", sagte er leise.
Dann gingen sie zur Hauptstraße und stiegen in ein Taxi.

Es war sechs Uhr morgens, als sie aufwachte. Langsam erschienen die Bilder des vergangenen Abends. Noch einmal das Lokal, die Tiere in Flaschen, das Lachen, die Freude der jungen, lebensfrohen Männer, die Köche mit ihren ernsten Gesichtern, die Fische. Sie ließ alles vorüberziehen, ohne Widerstand.

Leise stand sie auf und ging ans Fenster.
Die Sonne stand am Rand des Horizonts. Die Bergkette in der Ferne wurde sichtbar. Wie immer drang kein Laut von außen herein.
Die Klingen der Schwertfechter blitzten im ersten Sonnenlicht auf. In dieser Sekunde erschien ein heller Blitz, verband ein goldener Strahl das Schwert mit der Sonne und umgekehrt.
Alle waren sie wieder an ihrem Platz: der Mann auf der Terrasse eines Hotels, und die Gruppe Männer und Frauen zwischen schmächtigen Bäumen.
Jeden Morgen blickte sie als erstes hinunter zu ihnen, beobachtete ihre stummen Bewegungen. Klein waren sie zwischen den Häuserriesen, auf der ohnmächtigen Grasnarbe. Hartnäckige Lebendigkeit zwischen Stein und Beton, der Perfektion der neuen Hotels.
Taoismus und Konfuzianismus. Yin und Yang. In Harmonie sein mit Kosmos und Körper. Erstes Lebensprinzip.

IV.

Der heutige Tag
ist aufgegangen im Nichts.
Ich beginne neu.

Wie schön der Himmel war an diesem Nachmittag

Wir saßen auf Stapeln von Holz
gelb tänzelte das Laub

in kurzen Sätzen   leise   öffneten wir die Türen   weit
zerklüftet lag die Landschaft   doch flussdurchzogen

deine Stimme sanft

du gabst mir viel
was ich dir geben konnte   weiß ich nicht
weiß nur   dass dieser Fluss uns reinstes Wassers war

Vögel   als dunkle Wolken   kamen sie
spiralengleich drehten sie im Abendhimmel   senkten
als Pfeil sich in den Boden
stiegen auf   führten fort den Tanz   der sie stärkte
für den Abflug

wir gingen heim
mit uns ihr helles Zwitschern
Flügelschlag

Heute habe ich das Lächeln der Mona Lisa gesehen

Das wars, Konferenz beendet. Er schleuderte einen Stapel Papiere auf den Tisch, warf sich zu ihr auf das Bett, nahm ihre Hand, drückte sie heftig. „Von jetzt an werden wir uns Paris gemeinsam anschauen. Wie ich mich darauf freue. Hast du heute Schönes erlebt?"
„Ja. Zuerst wie immer Frühstück an der Ecke, dann bin ich zu dem kleinen Museum mit den kubistischen Skulpturen gefahren. Es liegt so versteckt zwischen Häusern, man muss wirklich genau schauen, um es zu finden. Im Garten, in Licht und Schatten der Bäume, ebenfalls Skulpturen. Das war sehr schön."
„Und dann?"
„Ja, dann bin ich doch noch in den Louvre gegangen, obwohl ich es nicht vorhatte. Ich wollte mir die Mona Lisa noch einmal in Ruhe anschauen. Nur sie, sonst nichts."
„Kann man das überhaupt, in Ruhe?"
„Ja, ich war erstaunt, es waren nicht so viele Menschen da wie sonst. Diesmal habe ich schon von weitem versucht sie zu sehen. Du weißt, man wird über eine längere Strecke durch eine Absperrung geleitet, und man soll auch nicht zu lange vor dem Bild stehen bleiben. Aber diesmal habe ich schon von weitem versucht sie zu sehen. Sodass sie lange in meinem Blickfeld war. Und da ist etwas Seltsames passiert. Der Blick, ihre Augen sind lebendig geworden. Die Augen waren dunkel und warm, von innen heraus, als lebte sie. Nicht ein Bild stand mir gegenüber, sondern ein Mensch. Ich war ergriffen. Erst später fiel mir ein, dass ich ihren Mund dabei nicht beachtet habe. Der ist ja normalerweise beteiligt am Lächeln. Aber, ich sag dir, es ist nicht der Mund. Die

Augen sind es, die das Lächeln bei ihr ausmachen. Diese halb geschlossenen, oder halb geöffneten Augen, je nachdem, wie man es betrachtet, die sind es. Und natürlich ihr Ausdruck. Jedenfalls war ich gerührt. Ich kann sagen: Heute habe ich zum ersten Mal das Lächeln der Mona Lisa gesehen."
Der Mann lachte nachdenklich, schwieg eine Weile. Dann sagte er: „Es freut mich, dass du so ein schönes Erlebnis hattest."
Nach zwei schönen, intensiven Tagen in Paris standen sie am Abreisetag an der Rezeption, warteten auf die Rechnung. Während der üblichen Frage des Angestellten, ob der Aufenthalt im Hotel zu ihrer Zufriedenheit war, ratterten die Rechnungen aus dem Drucker. Der Portier legte sie dem Mann zur Prüfung und Unterschrift hin.
„Roomservice? Das muss ein Irrtum sein. Wir hatten keinen Roomservice."
„Aber sehen Sie", sagte der Portier, „Zimmer 703. Madame hat im Zimmer gefrühstückt und zu Mittag gegessen. Jeden Tag." Er sah erst zu ihr, dann zu ihm.
„Stimmt das?"
„Ja", sagte sie leise.
„Du warst also nicht in …"
Sie fiel ihm ins Wort: „Können wir das später besprechen, bitte."
Der Mann bezahlte mit der Kreditkarte, sie verabschiedeten sich, suchten sich einen ruhigen Platz in der Hotelhalle.
„Ich verstehe das nicht. Du hast im Zimmer gefrühstückt, hast im Zimmer zu Mittag gegessen … du sagtest doch … wann warst du denn in den Museen?"
Sie sah ihn ruhig an.
„Heißt das, dass du das Hotel gar nicht verlassen hast, außer mit mir, an den Abenden?"
„Ja", sagte sie leise.
„Und weshalb?"
„Die Angst ist wieder gekommen. Ich habe es versucht, ich bin rausgegangen, aber am Gare du Nord waren so viele Men-

schen, so viele Bewegungen überall, der Lärm, die Metro, alles ist über mir zusammengebrochen, ich hatte panische Angst, die Orientierung zu verlieren."
„Ich dachte, das hättest du überwunden?"
„Es ist wieder gekommen. Leider."
Er schüttelte nachdenklich den Kopf. „Und die Museen, die Mona Lisa? Das Lächeln, das du mir beschrieben hast?"
„Das habe ich erfunden."
„Und warum hast du mir von all dem nichts erzählt?"
„Weil ich es dir ersparen wollte. Die Konferenz, deine Vorträge, da solltest du dich nicht auch noch um mich kümmern müssen, besorgt sein. Glaub mir, ich war selbst sehr enttäuscht, und ich habe so gelitten, dass ich es nicht geschafft habe, hinauszugehen. Auch, dass es mich wieder eingeholt hat. Es hat mich sehr traurig gemacht."
Es war jetzt sehr still zwischen ihnen beiden, obwohl leise Musik den Raum erfüllte. Musik, die sie nicht berührte, aber auch nicht wehtat.
Er sah sie lange an. „Ja, dann werden wir wohl noch einmal nach Paris fahren müssen", sagte er, legte seinen Arm um ihre Schulter, „um das Lächeln der Mona Lisa zu sehen."

Sommertag

Freude spürte ich mit dem beginnenden Tag

ich trat hinaus   umarmte die Berge
die Morgensonne hatte ein zärtliches Rosa
auf die Gipfel gelegt
über den Gräsern silbriger Dunst

ich spürte mich ohne Last
kein Gedanke trübte mein Herz

ich nahm den Tag in mir auf

er ging mit mir in die Küche
wir machten Kaffee

dies alles   nahm ich an
nahm es nicht für selbstverständlich

In großer Landschaft

Am zweiten Weihnachtsfeiertag gingen sie hinauf zur Hütte. Den steilen Anstieg vom Tal herauf waren sie mit dem Auto gefahren, sodass ihre Wanderung im weiten Hochland beginnen konnte. Von hier aus ging die Sicht in alle Richtungen, über nahe, schneebedeckte Bergrücken, bis hin zu fernen Gletschergipfeln. Ein klarer, tiefblauer Himmel ließ alles festlich, heiter erscheinen.
Schritt für Schritt setzten sie ihre Füße in den Schnee. Das Licht war hell und blendete. Sie schwiegen.
Sie waren klein, in dieser Berglandschaft. Ein Bild von Caspar David Friedrich fiel ihr ein. Es zeigt zwei Menschen unterwegs in gigantischer Weite. Ein Hauch Schnee bedeckt die Ebene, dahinter zart die Berge. Der Himmel in einem verhaltenen Graublau nimmt fast die Hälfte des Bildes ein. Umfassende Stille geht von diesem Bild aus. Und Selbstverständlichkeit. Die beiden Wanderer in Anerkennung der Größe der Natur. So die subtile Botschaft des Malers.
Auch hier kein Laut, kein Lärm. Nur ihre Schritte waren zu hören, das Knirschen beim Aufeinandertreffen von Schuh und Schnee, und ihr Atem, der kürzer und schneller wurde, je steiler es bergauf ging.
Die Frau spürte die Anstrengung in ihren Lungen, in den Beinen, doch sie freute sich über die Kraft ihres Körpers. Bergdohlen zogen vorüber, ihr Krächzen vom Hauch des Flügelschlags begleitet.
Gut zwei Stunden waren zu gehen, und immer lag die Hütte in ihrem Blickfeld. Wie eine Aufforderung stand sie im Weiß. Kein Baum. Nur Himmel und Schnee.

Von Zeit zu Zeit hüllte ein Nebelhauch die Hütte ein. Wenn dann ein Sonnenstrahl wie ein goldener Finger eines der Fenster berührte, entbrannte in den Scheiben ein Feuer, das in alle Richtungen strahlte.

Um elf Uhr betraten sie das Haus. Das helle Licht noch in den Augen, waren sie wie Blinde, die sich vorwärts tasteten.

„Grüaß enk", sagte eine Frauenstimme im Dunkel.

Die Hütte war seit dem Herbst das erste Mal wieder geöffnet, und sie die ersten Gäste. Dem Weihnachtsfest wurde durch glitzernde Dekoration und eine kleine Krippe gehuldigt.

Sie bestellten eine Frittatensuppe.

Bald darauf hörte man im Flur Gepolter, Männerstimmen. Skier wurden abgestellt. Es dauerte. Drei Männer kamen in die Stube. Ihre Gesichter gerötet, das nasse Haar schnell zurechtgestrichen, wischten sie sich noch einmal ihr Gesicht trocken, das sie im Flur unter den Wasserhahn gehalten hatten.

Mit ihnen kam die frische Kühle der Bergluft herein. Sie mussten vom anderen Tal her mit Skiern aufgestiegen sein. Die Anstrengung war nicht zu übersehen, aber glücklich sahen sie aus. Scherzende Bemerkungen im Dialekt fielen, Lachen.

Sie bestellten Getränke, schoben zwei längere Tische aneinander, rieben sich die Hände. Dann ein erster tiefer Schluck – sie waren angekommen.

War das nicht voriges Jahr genau so gewesen? Die Männer. Hatten sie da nicht auch die Tische zusammengestellt? Die Art, wie sie grüßten, war ihr aufgefallen. Ihre Blicke diskret, den Fremden gegenüber distanziert, gleichzeitig freundlich. Natürlich, es war die gleiche Situation, der gleiche Ablauf. Auch damals saßen sie beide hier, an diesem Tisch, und ihnen gegenüber die Männer.

„Das sind die Musikanten vom Tal", sagte sie zu ihrem Mann, etwas aufgeregt und zugleich erfreut. „Kannst du dich erinnern? Voriges Jahr um diese Zeit waren sie auch hier. Wir

haben sogar getanzt, obwohl es dir unangenehm, fast peinlich war, stimmts? Sie spielen heute sicher auch."
Weitere Männer kamen, mehr oder weniger erschöpft. Neun Männer saßen jetzt am Tisch. Einer fehlt, dachte sie. Der Geiger.
Sie beide waren inzwischen bei einem Jausenbrot und einem Zweigelt.
Wieder ging die Tür auf und die Blicke der Männer gingen erwartungsvoll dorthin. Ihre Gesichter zeigten Erleichterung, Freude.
Noch konnten die beiden nicht sehen, wer gekommen war, der Kachelofen verdeckte die Sicht. Schritte kamen in den Raum, und da stand er.
Gleichzeitig blickten einige der Männer schnell zu ihr herüber, ihre Reaktion erkundend.
Nein, sie war weder überrascht noch erstaunt oder gar irritiert, als sie ihn sah in seiner Zwergenhaftigkeit. Auf seinem Gesicht lagen Kälte und Anstrengung, die Augen leuchteten. Das Haar war aus der Stirn gestrichen, so dass sein Gesicht noch mehr hervortrat. Ein Gesicht, weit und hell, das in Klarheit und Gelassenheit strahlte.
Ja, ich habe es geschafft, schien er lachend zu sagen. Ein knapper Wortwechsel mit seinen Freunden ging hin und her, wobei er frech konterte, wie sie von seiner Mimik, seinen blitzenden Augen ablesen konnte.
Nein, es spielte wirklich keine Rolle, dass er zwergwüchsig war. Entscheidend war dieses Gesicht. Alles Schöne war in ihm. Er schien sich gefunden zu haben, bei sich angekommen. Wie er dastand. Selbstverständlich und mit großer Gelassenheit.
Die Landschaft fiel ihr ein. Weiß, leuchtend, still.
Sein Zwergwuchs. Ein langer Weg, vom Kindsein bis heute. Vierzig mochte er sein.
Ruhe hatte sich in ihr ausgebreitet, Freude, Wärme. Sie konnte sich nicht lösen von diesem Gesicht, von ihm. Sie

wandte sich ihrem Mann zu, zwang sich mit ihm zu reden und nicht hinüberzuschauen. Er war ja kein Bild, das man beliebig lange betrachten konnte.
Die Männer rückten zusammen, als er an den Tisch kam. Und während er sich einen Ruck gebend auf die Bank setzte, sah sie aus dem Fenster.
In frühestens zwei Stunden, wenn sie gegessen hatten, ausgeruht waren, würden die Männer zu spielen und zu singen beginnen.
Doch das war zu spät für sie. Sie mussten zurück.
Zither, Harfe, Klarinette, Steirische Harmonika, Bass. Und Geige. Er spielte sie gut, wie sie wusste. Wie gerne wäre sie dabei gewesen, hätte sich mitreißen lassen von den Klängen der Instrumente, ihrem Gesang.
Dann wäre alles vollkommen.
Das Besondere daran war, dass die Männer heraufgestiegen waren um zu musizieren, zu ihrer eigenen Freude, umgeben von Bergen, die weiß in die Fenster leuchteten. Sie brauchten kein Publikum.
Sie sah noch einige Male flüchtig zum Geiger hinüber. Doch die auferlegte Beschränkung machte sie eher unruhig. Besser, sie gingen jetzt.
Es genügte. Sie nahm dieses Geschenk mit sich. Wie diese Landschaft, durch die sie jetzt, Schritt für Schritt, hinuntergingen.

Nachts am Kamin

Feuer knistert funkelt sprüht
Flammen tanzen Wiesel die sich
aufgerichtet küssen

Feuerlust seziert die Scheite
schmiedet Rippen Muskeln Adern

schwefelgelb und lavarot

Eislandschaft Fjorde Gletscher
atmen schmelzen Flüssigglas

Licht und Wärme in der Nacht

Im Schnee

Die Straße führte in langen Windungen bergauf. Sie gingen gemächlich, aber stetig. Sie schwiegen.
Sie kamen an eine Kreuzung. Kein Wegweiser.
Andreas holte die Karte aus der Brusttasche seines Anoraks, fuhr mit dem Finger suchend im Kreis herum. „Wir sind jetzt hier", sagte er, und während er die Karte ein wenig drehte: „Wir müssen nach links."
Anna zuckte mit den Schultern. Sie hatte erst gar nicht versucht, aus dem Netz der verschiedenen Linien und Kreise den Weg herauszufinden. Sie wäre nach rechts gegangen.
Im Wald lag Schnee. Es hatte noch lange in das Frühjahr hinein geschneit, und jetzt, fand Andreas, war es höchste Zeit in die Berge zu gehen. Schlüsselblumen und Anemonen, Buschwindröschen würden noch blühen. Worauf er sich am meisten freute: das Wochenende auf der Hütte zu verbringen.
Ein Schatten war über sein Gesicht gehuscht, als die Frau, bei der sie gegen Mittag den Schlüssel für die Hütte abholten, sagte, dass vier weitere Personen nachkommen würden.
„Ihr könnt ja inzwischen vorheizen, damits gemütlich wird", hatte sie lachend gemeint.
Weiter oben war auch die Straße von Schnee bedeckt. Spuren von Bergstiefeln. Wie alt mochten sie sein? Die Straße verlor sich im Schnee, die Spuren ebenfalls.
Anna blieb stehen. „Es geht nicht mehr weiter", sagte sie. „Bist du sicher, dass das der richtige Weg ist?" Ihr Atem ging schwer.
„Wo soll er sonst sein?" Es gab doch keinen anderen Weg. Doch, der eine nach links.

Der führte ganz woanders hin. Während Anna sich noch umsah, ging Andreas schon weiter.
An Andreas' Haltung und seinen eckigen Bewegungen konnte sie erahnen, wie schwer sein Rucksack sein musste. Er hatte alle Lebensmittel in seinen Rucksack gepackt.
„Können wir nicht kurz rasten?" Anna wischte sich den Schweiß aus dem Gesicht. Sie glühte.
„Das wäre der größte Fehler. Jetzt eine Pause, das macht nur noch müder. Wir müssen weiter. Außerdem, um diese Zeit wird es früh dunkel." Er sah zum Himmel.
Sie stellte sich vor, wie es bei Dunkelheit hier sein würde. Sie war schon jetzt orientierungslos, mit all dem Schnee. In der Dunkelheit gehen müssen, sich verlaufen, frieren. Weiter, nicht aufgeben.
Es ging steil bergauf. Der Schnee lag knietief. Hitze begann sich zu stauen, das Hemd klebte auf Annas nassem Rücken. Der Rucksack wurde schwerer. Es war, als würde mit jedem Schritt weiteres Gewicht zugeladen.
„Das kann nicht der richtige Weg sein", rief sie verzweifelt. „Niemals."
„Ich weiß, aber was willst du machen?" fragte er laut zurück.
„Umkehren", sagte sie bestimmt.
„Und was ist mit dem Schlüssel? Willst du die andern vor der Tür stehen lassen? Oder willst du, dass sie wieder ins Tal gehen, bei Dunkelheit? Wir können nicht mehr zurück."
„Wir können nicht mehr zurück", wiederholte sie laut und betont dramatisch. Und im gleichen Ton fuhr sie fort: „Aber wo müssen wir hin?"
„Wir müssen hinauf zur Baumgrenze, dort oben können wir uns orientieren, von dort haben wir einen Überblick." Seine Stimme war heller als sonst.
Zur Baumgrenze. Aufsteigen, um sich zu orientieren. Zwei Stunden aufsteigen! Sie lachte auf. Sie ließ sich in den Schnee fallen. Sie lachte weiter, laut und albern. Immer wieder brach es aus ihr heraus, es schien nicht enden zu wollen.

Erst allmählich wurde das Lachen kürzer und leiser, verebbte langsam. Stille umgab sie wieder.
Sie stapften aufwärts. Suchend ging ihr Blick nach oben: Wann endlich, verdammt, lichteten sich die Bäume? Sie hätte umkehren sollen, als sie ihre Zweifel hatte. Sie hätte sich auf ihr Gefühl verlassen sollen.
Keuchend standen sie am Kamm der Bergkette: Ein weich gewölbter Wall zog sich dahin, stieß in der Ferne an die Wolkendecke. Der Blick ins Tal war nicht möglich.
„Wir dürfen nicht zu nah an den Kamm", sagte er. „Wir müssen uns rechts halten."
Rechts standen einige Bäumchen, nur ihre schneebedeckten Spitzen waren zu sehen.
„Geh in meiner Spur, dann ist es nicht so anstrengend."
Sie sah zu, wie er den ersten Schritt tat. Er sank bis zur Hüfte ein. Der Rucksack saß auf der Schneedecke. Mühsam zog er die Beine aus dem Schnee.
Sie stieg in die Spur. Ihr reichte der Schnee bis zur Brust. Gefangen. Nur noch einige Zentimeter, dann konnte sie auch die Arme nicht mehr bewegen. Wie leicht konnte sie ganz versinken, lautlos in eine Senke gleiten, in einen unterirdischen Kanal, in ein Vakuum.
Sie blickte um sich. Vor ihr lag dieser gewaltige weiße Wall, und gleich darüber der Himmel, stark und mächtig. Eine ungeheuerliche Stille. Angst stieg in ihr auf, überschwemmte sie heiß. Angst ließ das Gesicht vibrieren, kroch unter die Schädeldecke, loderte in den Haarwurzeln, ihre Gedanken wurden leichter, begleitet von hellen Tönen begannen sie sich zu entfernen. Das Herz pochte dumpf im Brustraum, als wäre er hohl.
Andreas war schon weitergegangen. Sein Oberkörper machte eine halbe Drehung zu ihr hin.
„Ich hab Angst", sagte sie. „Ich hab Angst vor dem vielen Schnee. Man weiß ja nicht, was darunter ist. Es ist so unheimlich hier."

„Du musst keine Angst haben. Es kann dir nichts passieren. Bleib nur in meiner Spur."
„Ja", sagte sie, klammerte sich an seine Worte. „Aber mach nicht so große Schritte." Ihre Stimme, zerrissene zitternde Töne, die in der Luft hingen.
Es war kein Gehen mehr. Jeder Schritt vollzog sich in langsamer, mühsamer Bewegung. Nur mit Unterstützung beider Arme konnte sie ihre Beine aus dem Schnee ziehen.
Sie atmete auf, als Andreas stehenblieb, die Riemen des Rucksacks abstreifte, den Anorak auszog. Dampf stieg von seinem Körper auf, wie von einem Pferdeleib an einem kalten Februartag. Als er den Anorak in den Rucksack stopfte, sah sie, wie der Schweiß von seinem Gesicht rann.
Nach diesem kurzen Aufenthalt schien keinerlei Kraft mehr in ihren Beinen zu sein. In mehreren Ansätzen versuchte sie die Beine aus dem schmalen Schacht zu ziehen. Es gelang ihr nicht mehr. Sie sank zusammen. Den Kopf auf die Arme gelegt lehnte sie im Schacht. Das heiße Gesicht tobte und pulsierte gegen die Kälte des Schnees. Ich kann nicht mehr, ich kann nicht mehr. Ich bleib hier, mir ist alles egal.
Sie musste eingenickt sein, denn in ihre ersten Traumbilder hinein ging ein Schrei. Ungefähr zehn Meter vor ihr lag Andreas. Der Rucksack lag seitlich an seinem Kopf. Verdammt, verdammt noch mal. Er stieß die Fäuste in den Schnee. Scheiß Rucksack. Mühsam stemmte er ihn hoch, warf ihn von sich. Dann krallte er sich mit den Händen fest, kroch aus dem Schacht. Ausgestreckt lag er da, atmete tief.
Es kam ihr unendlich lange vor. Dann robbte er zum Rucksack, nestelte ungeduldig an der Schnur, holte die Zweiliterflasche Wein heraus. Er trank einen Schluck, stieß die Flasche aber gleich von sich, spuckte angewidert aus, warf die Flasche mit einem langanhaltenden Schrei aus Wut und Verzweiflung in den Schnee. „Sauer, sauer", schrie er, den Kopf erhoben, langgedehnt und laut in den Himmel hinein.

Fassungslos stand sie da. So verzweifelt hatte sie ihn noch nie gesehen. Sie kannten sich seit zwei Jahren und sie hatte sich immer gewundert, und letzlich auch darunter gelitten, wie er seine Gefühle verstecken, verkleiden konnte. Und oft hatte sie sich gefragt, ob sie mit ihm auf Dauer glücklich werden würde. Jetzt saß er da, Arme und Kopf auf die angezogenen Knie gelegt. Stumm.
Sie fror. Die durchnässte Kleidung begann steif zu werden. Sie stapfte zu ihm. Er bewegte sich nicht.
Ihr Blick ging den Hang entlang. Die Hälfte der Strecke lag hinter ihnen. Wir müssen weiter, sagte sie, und gleichzeitig tat sie den ersten Schritt in den unberührten Schnee. Es gab wenig Halt ohne die getretene Spur, und als Erste zu gehen erforderte all ihre Kraft.
Sie spürte keine Müdigkeit mehr. Die Verzweiflung war gewichen. Eine neue, ungeahnte Kraft trieb sie vorwärts. Wenn sie es nicht schafften, vor der Dunkelheit abzusteigen, mussten sie sich hier oben eine Höhle bauen. Die Leute vor der Hütte würden wieder hinuntergehen und vielleicht die Bergwacht anrufen. Das wirkte so, als wären sie zu leichtsinnig gewesen.
Sie erreichten die Senke. Sie tasteten sich an den Grat heran. Vor ihnen lag die Vorderseite der Bergkette, eine riesige, schräge Ebene.
„Das ist der klassische Lawinenhang", sagte Anna, während sie hinuntersah. Gleichzeitig fiel ihr alles ein, was sie über Lawinen wusste: Lawinen abtreten, mitgerissen werden von den Schneemassen. Zusammenbleiben, die Hände über den Kopf halten und sich zusammenkrümmen, einen Hohlraum bilden, flach atmen ...
Der Abend kam bedrohlich näher. Die Luft war kalt, der Schnee hatte einen blauen Hauch. Der Wald in der Ferne, tiefschwarz.
Die Kälte, der Schnee und die Stille. Anna durchzog ein Schauer. Erfrieren geschah lautlos. Zunächst war es, als

bestünde man nur noch aus Knochen und Haut, als wäre kein durchblutetes Organ mehr im Leib, das einen wärmte. Dann begann der Schmerz in den Finger- und Zehenkuppen, setzte sich fort, erfasste den ganzen Körper. Sie kannte diesen spezifischen Schmerz, der sich zu steigern schien, seinen Höhepunkt erreichte, wenn er im Übergang, in Auflösung begriffen war. Kälte war unheimlich. Man war einer Gewalt ausgeliefert, die zu spüren, nicht aber zu sehen war.
„Ich sehe die Hütte", sagte Andreas. Er deutete nach unten. Er beschrieb ihr den Standort, und er wurde ungeduldig, denn es dauerte lange, bis sie den dunklen Punkt zwischen den Bäumen erkennen konnte.
Das also war ihr Ziel. Wie konnte es passieren, dass sie so weit davon abgekommen waren?
„Wir gehen in Serpentinen hinunter", sagte er. „Wir bleiben dicht beisammen. Wir steuern diesen Baum hier an." Er deutete schräg nach unten. „Dann gehen wir weiter."
„Und wenn eine Lawine kommt?", sagte sie leise.
„Es kommt keine Lawine."
Sie hoben ihre Rucksäcke auf die Schultern. Andreas ging voraus, griff nach ihrer Hand. Parallel zur Wand setzten sie den Fuß in den Schnee. Er sah fragend zu ihr hin.
„Geh nur, geh!"
Sie waren an dem Baum angelangt, hielten sich fest. Sie standen ganz nah beieinander, sahen sich schweigend an. Ihr Blick ging in die Tiefe. Schutzlos war der Hang. Schutzlos waren auch sie.
Ersticken. Ein Kampf würde es immer sein. Nur wenige schliefen in den Tod hinüber. Musste sie mit ihm diese Bergtour machen, um hier umzukommen?
Sie tasteten sich weiter. Starr und steif trat Anna in seine Spur. Ihre Sinne, ihre ganze Aufmerksamkeit war nach oben gerichtet, auf den stummen Hang. Hellhörig lauschte sie, während sie Fuß vor Fuß setzte. Jeder Schritt war ein Gewinn. Sie hatten den Hang ohne stehenzubleiben mehrmals gequert.

Sie sahen zurück. „Jetzt", sagte er, „musst du keine Angst mehr haben." Er umarmte sie, drückte sein Gesicht an das ihre, lange und fest.
Sie weinte. Leise brach es aus ihr heraus.
Er hob ihr Gesicht. „Wir machen uns als erstes ein schönes Feuer im Ofen, und einen heißen Tee." Ihr Blick blieb gesenkt.
Sie torkelten abwärts, die Hütte im Blickfeld. Es war fast dunkel. Auf dem Dach der Hütte waren schemenhaft Gestalten zu erkennen. Andreas hielt die Hände vor den Mund. „Hallo, hallo." Er winkte. Er rief nochmal ganz laut. Jetzt schienen auch sie zu winken.
„Was machen die auf dem Dach?", fragte er verwundert.
Drei Männer und eine Frau erwarteten sie vor der Hütte.
„Da seid ihr ja endlich", sagte einer. Es klang nicht gerade freundlich. „Wir wollten gerade über das Dach einsteigen."
„Wo kommt ihr eigentlich her?", fragte die Frau spitz.
Andreas deutete nach oben. „Was?", schrien sie fast gleichzeitig. „Seid ihr verrückt?"
Andreas schloss die Tür zur Hütte auf. Während die anderen im Herd Feuer anmachten, Wasser aufstellten, gingen die beiden in den hinteren Teil des Raumes, um sich umzuziehen. Mit steifen, unbeholfenen Bewegungen zogen sie die nassen Kleider vom Leib. Anna stand mit dem Rücken zu ihm. Tränen liefen über ihr Gesicht.
Als sie alle um den Tisch saßen, musste Andreas von der Tour erzählen. Natürlich waren sie keine Minute in Gefahr gewesen, nur etwas anstrengend war es gewesen, mit dem schweren Rucksack und so …
„Und du", sagte einer der Männer zu Anna, „du sagst ja gar nichts, hast du deine Stimme im Schnee verloren?"
Sie lächelte. Andreas schob seine Hand über den Tisch, hin zu ihr. Zögernd legte Anna ihre Hand in seine. Er umschloss sie, fest und warm.

Advent

Als die Dämmerung kam, begann es zu schneien.
Die Fußgänger senkten ihre Köpfe, schlugen die Mantelkrägen hoch.
Ein Kind ging auf der Straße, ein Junge. Er warf die Arme in die Luft, hielt sein Gesicht den fallenden Schneeflocken entgegen und schrie:
„Schnee, Schnee, endlich Schnee."
Mit erhobenen Armen drehte er sich im Kreis, in die Linien der senkrecht schwebenden Flocken hinein.
Dann schnappten seine Hände, sein Mund nach den weißen Fetzen, begleitet von diesem glücklichen Schreien.
„Schnee, Schnee, Schnee."

Das ist die Sprache der Natur

Der See
braucht mich nicht   ist schön auch so

ein Vogel singt
ergreift mein Herz

der Spiegel des Wassers
im Flug von einer Schwalbe geritzt

heute habe ich alles verstanden

Wir beide

Ich kann keinen Mutterpass vorzeigen
und du kannst nicht sagen:
Das ist mein Sohn, meine Tochter.

Nackt stehen wir uns gegenüber,
jeden Tag neu.
Können nicht fliehen, uns nicht verstecken
hinter der Existenz eines Kindes.

Wer bist du?
Wer bin ich?

Wir müssen uns in die Augen schauen,
jeden Tag neu.

Es muss jeder in sein Gebirg gehen

Als Celan im Juli 1959 nach Sils Maria gefahren ist, um Theodor Wiesengrund Adorno zu treffen, aber noch vor dessen Ankunft abreiste, danach die fiktiv nachgeholte Begegnung im „Gespräch im Gebirg" niederschrieb, war ich neunzehn Jahre alt.
Als Jugendliche habe ich jeden Tag die Stellenanzeigen im „Rottenburger Anzeiger" gelesen und mir vorgestellt, wie es wäre, in der Stadt zu sein.
Der Tag kam. Meine Hartnäckigkeit hatte die Eltern mürbe gemacht. Ich wusste damals nicht, was es die Mutter gekostet haben mochte, mich gehen zu lassen. In die Stadt. Wo alles möglich war. Die Reise von dem kleinen niederbayerischen Ort nach München dauerte einen vollen Tag. Fünfmal musste ich für die einhundert Kilometer lange Strecke umsteigen.
Es war ein nebliger Novemberabend, als ich am Flughafen München-Riem ankam. In der Küche des Flughafenrestaurants sollte ich arbeiten. Ich kämpfte mich mit meinen Koffer durch die Schwingtüre, erblickte ein Heer eilender Kellner und hantierende Köche.
Vom Kartoffelacker weg in die fremde Stadt, hinein in die Gastronomie des Flughafens. Die Gaststättenbetriebe streng hierarchisch gegliedert. Pächterinteressen. Ambitionierte Köche. Konditoren, Salaterin, Beschließerinnen, Kellner, Büfettmädchen, Spüler, Putzkolonne. Und innerhalb dieser Gruppen wieder eine eigene Hierarchie. Eifersüchteleien, Abhängigkeit, Bevorzugung, Gewohnheitsrechte, Vulgärsprache und Zivilisation.
Neue Aufgaben, neue Speisen, neue Wörter. Viele Wörter. Verantwortung. Ausbeutung. Demütigung.

Sehnsucht nach den Feldern, dem Wald, nach ihren Farben, den Stimmungen, den Gerüchen.
In dieser Zeit ist auch mein Großvater gestorben. Das Krankenhaus, auf der Westseite eingesäumt von großen Tannen, lag nicht weit von unserem Haus entfernt. Nachts haben wir ihr Rauschen gehört, sind mit ihrem Gesang eingeschlafen. Sicher hat Großvater auch im Krankenhaus dieses Rauschen gehört. Vielleicht auch schon ein anderes Rauschen. Wie hätte er sonst zu meiner Mutter sagen können: „Heute Nacht sterb' ich."

Was das alles mit Celan zu tun hat? Ist es unangebracht zu vergleichen? Er, der große Dichter, der Jude aus Czernowitz, dessen Eltern durch die Nazis umkamen. Leid, das ihn nie mehr verließ.
Es ist die Gleichzeitigkeit der Dinge, die mich fasziniert und auf die ungeheure Vielfalt des Lebens hinweist. Es ist auch ein Verankern des eigenen Lebens an bestimmten Ereignissen zu einer bestimmten Zeit. Parallelität, Gleichzeitigkeit.
Während einer großartige Dinge schreibt, schält ein anderer Kartoffeln.
1959 hat Celan das „Gespräch im Gebirg" geschrieben.
„Ich Geschwisterkind, ich der ich da steh, auf dieser Straße hier, auf die ich nicht hingehör, heute jetzt, da sie untergegangen ist, sie und ihr Licht, ich hier mit dem Schatten, dem eignen und dem fremden ... ich auf dem Weg hier zu mir, oben." Rückblick, Bestandsaufnahme.
Ich bin in diesem Jahr vom Land in die Stadt gegangen, ein anderes Leben beginnend. Neubeginn. Selbstfindung.
Es muss wohl jeder in sein Gebirg gehen ...

Für mich wäre es der Himmel

wenn du auch im Sommer die Spur
lesen könntest
und ich nicht warten müsste bis
zum Winter
wenn sie sich überdeutlich zeigt
im Schnee

Weit oben

Gletscher
schneeleuchtend weiß
darüber blau
nur blau

die Augen krallen sich fest
dem Leib wachsen Flügel

zu früh

Inhalt

I. Tannentrieb streift mein Gesicht

Niederbayern vom Zug aus	9
… dass sich heute Abend alles erfüllen wird	10
Das Einhorn	21
Ich vertraue dir	22
Heuernte am Berg	26
Sommergras gebogen	26
Flügelschlagen spät	27
Kastanie. Grüne	27
Großvater	28
Stallgeruch	29
Winterlied	31
Stockholm, im Juni	32
Traum	33

II. Am Fenster entlang

Die Stadt	37
Ein Zimmer in München	38
Ein Morgen am See	44
Du kannst das Brötchen essen	45
Laotse, Brecht und ich	52
Nachtdienst	53
Endlich	57
Winterfarben	58
Unterwegs	59
Der Honigverkäufer	61

III. Doch noch gefunden

Wales	67
Diese Nacht	68
Liverpool	69
Es gibt diese Tage	75
Amerika – späte Ankunft	76
Apfel	78
Später Start	79
Luxor	80
Veränderung immerzu	87
So ist es	88
In einer fremden Stadt	101

IV. Der heutige Tag

Wie schön der Himmel war an diesem Nachmittag	117
Heute habe ich das Lächeln der Mona Lisa gesehen	118
Sommertag	121
In großer Landschaft	122
Nachts am Kamin	126
Im Schnee	127
Advent	134
Das ist die Sprache der Natur	135
Wir beide	136
Es muss jeder in sein Gebirg gehen	137
Für mich wäre es der Himmel	139
Weit oben	140